AF599663

Rabia, vacunas y sociedad

Ourense
1885–1936

David Simón Lorda
Ana Rúa Gómez

Deputación Provincial de Ourense
Presidente, Luis Menor Pérez

Deseño, maqueta e portada: Xurxo Baca
Impresión: Agencia Gráfica

ISBN: 978-84-16643-74-5
Depósito legal: OU 293-2025

[Obra aprobada no concurso para a
selección de obras para edición ou coedición
pola Deputación Provincial de Ourense
correspondente ao exercicio 2025]

Tienen en sus manos un nuevo libro editado por la Diputación de Ourense, dentro de su Plan Anual de Publicaciones correspondiente a 2025.

Un interesante trabajo de investigación histórica en el ámbito sanitario, pues se refiere a unas décadas -finales del siglo XIX y principios del XX- donde la higiene pública, antaño fuente de toda clase de enfermedades, experimentó importantísimos avances gracias a la llamada «medicina de laboratorio».

Agradezco a los doctores David Simón Lorda y Ana Rúa Gómez su aportación, y sobre todo al hecho de que el origen de este trabajo esté en la biblioteca de la Diputación, donde encontraron los ejemplares del periódico ourensano Álbum literario, en donde se recogían informaciones sobre el problema de la hidrofobia, para cuyo tratamiento era necesario trasladar a los enfermos a otras lejanas ciudades y vacunarlos contra la rabia, enfermedad mortal hasta la histórica contribución a la medicina de Pasteur en 1885.

A través de su historia, la Diputación de Ourense ha dejado su huella en el ámbito de la sanidad pública, como por ejemplo ofreciendo ayudas a través de la beneficencia provincial para sufragar los costes de aquellos tratamientos.

Este libro recoge esa historia y la llegada de la vacuna antirrábica a Ourense y a Galicia. Una buena oportunidad para conocer el ayer y hoy de la medicina.

Luis Menor,
Presidente de la Diputación de Ourense

Índice

Rabia, vacunas y sociedad
Ourense (1885-1936)

I.
Introducción y objetivos

David Simón Lorda
Ana Rúa Gómez

La rabia o hidrofobia es una enfermedad causada por un virus de la familia *Rhabdoviridae*, en concreto del género *Lyssavirus* tipo 1, que afecta a mamíferos entre ellos el hombre. La principal vía de transmisión es la inoculación de saliva de un animal infectado a través de una mordedura, normalmente de un perro. Inicialmente, produce síntomas muy inespecíficos como fiebre, cefalea o malestar general. Al cabo de varios días se desarrolla una encefalitis que cursa con confusión, inquietud, agitación, alucinaciones e insomnio. Son muy característicos la sialorrea y los espasmos de la musculatura laríngea y faríngea al intentar beber. También existe una forma paralítica, menos frecuente, en la que no aparecen ni la hidrofobia ni el delirio, pero sí que se desarrolla una cuadriplejía progresiva ascendente.

El único tratamiento disponible hasta ahora es la vacuna. Desde la primera fórmula de 1885 hasta nuestros días se han podido salvar millones de vidas gracias al trabajo de pioneros como Louis Pasteur (1822-1895) y todos los investigadores posteriores que han permitido que, en la actualidad, existan multitud de vacunas contra la rabia, desde las clásicas hasta las más modernas conseguidas utilizando técnicas de ingeniería genética (Arenas y Hernández, 2017). A pesar de los avances, en algunos países en vías de desarrollo todavía se sigue empleando el método Pasteur debido al elevado coste que supone adquirir los sueros más novedosos.

El 28 de septiembre se celebra el Día Mundial de la Rabia, que tiene como objetivo poner de manifiesto las posibles consecuencias de la rabia humana y animal y explicar a la población, las medidas preventivas, desde un abordaje multidisciplinar global, en la lucha frente a esta enfermedad. Sus patrocinadores son la Alianza Global para el Control de la Rabia (*https://rabiesalliance.org/*) y los Centros para el Control y la Prevención de Enfermedades de los Estados Unidos de América (*https://www.cdc.gov/rabies/index.html*).

A nivel mundial la rabia sigue estando presente en todos los continentes a excepción de la Antártida. Se estima que cada año mueren al menos 55000 personas, el 95% de ellas en África y Asia, de las cuales más del 40% son de niños menores de 15 años. En el

99% de los casos registrados en humanos la transmisión se produjo a través de la mordedura de un perro doméstico (OMS, 2023).

Se considera que es una de las principales enfermedades tropicales desatendidas ya que a pesar de la existencia de profilaxis postexposición efectiva, el acceso a ella no está al alcance de la población más vulnerable. El coste del tratamiento ronda los 100 dólares, una cifra inasumible para la gran mayoría de habitantes de países del Tercer Mundo.

La OMS ha puesto en marcha diversas líneas de actuación a nivel regional para el control de la rabia en el marco de su hoja de ruta para el Control Mundial de las Enfermedades Tropicales Desatendidas 2021-2030. Entre ellas destaca el proyecto GAVI (Alianza para las Vacunas), que desde 2019 promueve la financiación de la profilaxis postexposición de la rabia en países que cumplan ciertos requisitos económicos. Sin embargo, la pandemia del COVID-19 supuso una interrupción temporal de estos programas, que no han vuelto a reactivarse hasta junio de 2023 (OMS, 2023).

Respecto a Europa, se considera que la hidrofobia transmitida por perros ha sido eliminada de la mayoría de los territorios de Europa continental, aunque de manera anecdótica se siguen registrando algunos casos de rabia importada. Los principales reservorios de la rabia terrestre en la actualidad son el zorro rojo y otros carnívoros silvestres como el perro mapache en Europa central y el Báltico. La inmensa mayoría de casos de rabia terrestre se registran alrededor de las fronteras de la Unión Europea en países limítrofes como Moldavia y Turquía, donde la infección es endémica. Además, gracias a las campañas de vacunación oral coordinadas en la Unión Europea se había conseguido la eliminación casi en su totalidad de casos de rabia en animales silvestres a principios de 2020 (Ministerio de Sanidad, 2023).

La pandemia de coronavirus supuso un cese temporal de la vigilancia y el control de la hidrofobia en los animales, teniendo como consecuencia brotes de rabia selvática en Polonia en 2021 y Hungría, Rumanía y Eslovaquia al año siguiente. También, hay una cierta preocupación por el impacto que pueda tener la guerra de Ucrania; los ataques y la migración de las personas es muy probable que hayan hecho que muchos animales silvestres hayan abandonado su hábitat en busca de lugares más seguros, aumentando el riesgo de propagación de la rabia (Ministerio de Sanidad, 2023).

En lo referente a España, se considera que el territorio peninsular e islas están libres de rabia en animales de cautividad y silvestres desde el año 1978. La única excepción fue el caso de un perro procedente de Marruecos en 2013 que supuso la suspensión transitoria del estatus de libre de rabia durante 6 meses. Sin embargo, la situación es diferente en Ceuta y Melilla, donde, debido a su proximidad y contacto estrecho con Marruecos, se dan casos importados esporádicamente con el consiguiente riesgo de transmisión a animales susceptibles. Así, en 2021 y 2022 se notificaron focos de rabia canina en Ceuta y Melilla, identificándose transmisión autóctona en el caso de Melilla (Ministerio de Sanidad, 2023). Respecto a los casos en humanos, desde que se controló el último foco de rabia endémica en 1978, tan solo se han declarado 3 casos importados de rabia humana, en Ceuta (2004), Comunidad de Madrid (2014) y País Vasco (2019). Todos ellos se infectaron en Marruecos y viajaron a España durante el período de incubación (Ministerio de Sanidad, 2023; Etxaniz, 2023).

El mayor riesgo de un caso de rabia en la España peninsular o islas lo constituye la entrada ilegal de un perro infectado o, con menor probabilidad, de gatos o hurones, especialmente desde el norte de África a través de las fronteras marítimas o incluso la entrada por vía aérea, aunque esto último es menos probable. En Ceuta y Melilla, los supuestos más probables son la entrada de un animal infectado a través de la introducción ilegal de animales acompañados de personas o la entrada por incursiones fortuitas de un mamífero infectado que atraviese el perímetro fronterizo (Ministerio de Sanidad, 2023; Etxaniz, 2023).

También sería posible que un animal infectado entrase por sus propios medios, sin embargo, es muy poco probable ya que Francia y Portugal están libres de rabia vulpina y el foco más próximo a España se encuentra en Polonia.

Actualmente, la principal estrategia de prevención de la rabia recae en tener una amplia cobertura vacunal de los animales domésticos y silvestres. En un escenario en el que no se hay casos de rabia animal se debe vacunar a los animales domésticos en cautividad de manera sistemática, pudiendo ampliarse a otras poblaciones animales si fuese necesario. La profilaxis animal es competencia de las Comunidades Autónomas.

Galicia y la rabia hoy en día (*junio de 2025*)

Galicia lleva desde 1962 sin registrar un caso de rabia por lo que, en 1994, después de declarar el territorio de la Comunidad Autónoma libre de rabia, se decidió suspender la campaña de vacunación obligatoria de perros y gatos (Ministerio de Sanidad, 2023).

Galicia es hoy en día (junio de 2025) la única comunidad autónoma en la que no es obligatoria la vacuna antirrábica en perros. En las últimas dos décadas todas las comunidades han ido restableciendo la obligatoriedad de la vacunación, a excepción del territorio gallego, donde solo el 8% de los perros se encuentran inmunizados. Desde el Consello Galego de Colexios Veterinarios vienen reclamando a la Xunta de Galicia desde hace unos años que cambie la normativa y se reinstaure la obligatoriedad de la vacuna antirrábica en los perros ya que es la única forma de prevención (Guntín, 2023; Mateo, 2024) y que además está en línea con el desafío global de la OMS, la FAO, la OIE y la Alianza Global para el Control de la Rabia de eliminar, en 2030, todas las muertes de personas por rabia transmitida a través de una mordedura de perro.

Objetivos del trabajo:

Para entender cómo hemos conseguido llegar a esta situación es necesario conocer el camino que se ha recorrido en el pasado hasta llegar a nuestros días. Por ello, en este trabajo vamos a relatar brevemente la evolución histórica del abordaje de las personas afectadas de con rabia/hidrofobia antes de la vacuna en un contexto global general, así como en España y en Galicia... y al tiempo hacer una llamada de atención sobre un problema de salud global aún sin resolver en 2025, y que objetivo de la OMS a través del programa «One Health».

En las siguientes secciones, abordaremos las aportaciones de médicos españoles a la vacuna antirrábica sin olvidarnos de los viajes e intercambios profesionales que se llevaron a cabo para traer esa tecnología vacunal a España y sus intentos de aplicarla en todo el territorio.

Por último, profundizaremos en la historia de la llegada del suero a Galicia, centrándonos sobre todo en Ourense, y los personajes e instituciones, tanto públicas como privadas, que fueron pioneros en su administración desde finales de siglo XIX y primeras décadas del XX.

II.
Metodología, material y métodos

David Simón Lorda
Ana Rúa Gómez

El proceso de elaboración de este trabajo investigador médico-histórico ha constado de varias fases. Metodológicamente se procedió de la siguiente manera: tras seleccionar el tema de estudio (historia de la lucha antirrábica en Ourense y Galicia), se planteó el leitmotiv de este mediante las siguientes cuestiones: ¿Cómo se desarrolló la introducción de la vacunación antirrábica en la medicina de Ourense y de Galicia? ¿Qué terapias o medidas de intervención se usaban antes de su llegada? ¿Cómo fue la evolución de los institutos o centros de vacunación antirrábicos en Galicia y en Ourense a finales del siglo XIX y primeros años del XX?.

Para el trabajo hemos utilizado fuentes de archivos, consultando en el Archivo Municipal de Ourense (AMOU), fundamentalmente en la documentación del Fondo de Beneficencia y Sanidad (1804-1937), Archivo Histórico Provincial de Ourense (AHPOU) (Fondo Beneficencia), Archivo Histórico Provincial de Pontevedra (AHPPO) (Fondo Instituto Antirrábico). También hemos consultado numerosas fuentes hemerográficas en papel: *El Heraldo Gallego, Álbum Literario, El Eco de Orense, El Miño, Boletín Oficial de la provincia de Ourense...* en los años de finales del siglo XIX y primeros años del XX. Fueron consultados en Archivo Municipal de Ourense (AMOU), en la Biblioteca de la Deputación Provincial Ourense y en el Archivo Histórico Provincial de Ourense (AHPOU).

Además, tanto para prensa local como para prensa de otros lugares de Galicia hemos utilizado el material digitalizado y alojado en el portal Galiciana-Biblioteca Dixital de Galicia, así como en el Arquivo Dixital de Galicia. El recurso a las fuentes hemerográficas ha sido de gran ayuda ya que la prensa local dio noticia y testimonio de las iniciativas públicas en la lucha antirrábica en Ourense y en Galicia.

Toda la información obtenida de las fuentes citadas hemos tratado de completarla y contextualizarla con bibliografía acerca de la historia de la rabia y sobre de las vacunaciones antirrábicas para obtener un contexto general, así como diversos artículos científicos publicados sobre la introducción en Europa, España y en Galicia.

III.
Contexto histórico general sobre la rabia

David Simón Lorda
Ana Rúa Gómez

De la brujería a la Ciencia

La rabia ha sido una enfermedad conocida ya desde muchos siglos atrás. La primera referencia a ella en la literatura data de una época tan antigua como el siglo XXIII a.C. Se trata del Código de Eshnnuna, unas tablillas talladas en las cuales ya se recoge la asociación de una mordedura de perro infectado con su posible desenlace fatal (Baer, 1975; Schneider y Santos-Burgoa, 1994).

Fue también una enfermedad a la que tenía un componente o significado mágico-religioso. Es por ello por lo que muchos creían que el remedio de la enfermedad pasaba por realizar una penitencia, oraciones, invocación de santos como abogados de la rabia: san Huberto, santa Quiteria, etc. O, ya en Galicia, san Eleuterio en Friol, san Félix en Trasparga, etc. (Rodríguez, 1895). Muchas veces se recurría a anillos vinculados a estos santos o a las llaves de las iglesias donde eran venerados. Estas llaves se aplicaban de forma candente sobre las frentes de los fieles que allí acudían y daban sus dádivas.

Sin ánimo de extendernos más en este punto, hay que señalar que históricamente hay otra figura en las creencias populares, y que son los llamados saludadores o «dadores de salud», que se suponían podían curar la rabia y tenían su talismán en el aire espirado el cual podía matar a cualquier animal rabioso. Fueron muy combatidos y criticados por el Padre Feijóo su *Teatro crítico universal* (1767) y por otros autores (Pérez Hervada, 1984).

La gran revolución científica en el tratamiento contra la rabia: la vacuna de Pasteur (1885)

Con el descubrimiento microbiano ocurrido en la mitad del siglo XIX, fue posible dar el gran salto en el tratamiento contra la rabia. La forma eficaz de impedir que las personas murieran de rabia empezó con la vacuna de Pasteur, logrando la tan esperada posibilidad de tratar a las personas agredidas por animales supuestamente rabiosos, y que era uno de los importantes problemas de salud pública de la época (Schneider y Santos-Burgoa, 1994).

AARIS ET DÉPARTEMENTS 15 CENTIMES

BORDEAUX

ABONNEMENTS

ANNONCES

LE DON QUICHOTTE

Rédacteur en Chef: Ch. GILBERT-MARTIN

L'ANGE DE L'INOCULATION (M. PASTEUR), par GILBERT-MARTIN.

ILUSTRACIÓN 1 L'ange de l'innoculation. Pasteur et la rage. Revista *Le Don Quichotte*, 1886.

La piedra angular de esta historia fueron los experimentos llevados a cabo por Pasteur plasmados en «Sur la maladie nouvelle provoquée par la salive d'un enfant mort de rage», el primer artículo de publicado del célebre biólogo acerca de la hidrofobia en 1881 (Pasteur, 1881).

Antes de demostrar la posibilidad de inmunizar contra la rabia, Pasteur estableció los principios de la inoculación profiláctica en 1881 contra el ántrax y en 1883 contra la erisipela porcina. Cuando Pasteur empezó sus estudios ya se conocía bastante sobre la enfermedad, específicamente la transmisión a través de mordeduras de animales y la presencia de un virus en la saliva; además, el cuadro clínico estaba bien descrito y también el período de incubación de la rabia (Schneider y Santos-Burgoa, 1994).

Pasteur se enfrentó a un arriesgado intento de transferir sus resultados a los humanos. Era consciente de la gran responsabilidad: si fallaba, sería castigado y el descubrimiento no iría más allá del laboratorio.

Una coincidencia vino en su ayuda: en 1885 un padre desesperado le trajo a su hijo de 9 años que había sido mordido por un perro rabioso dos días antes y tenía numerosas heridas y lo obligó a someterse a la primera vacuna. El chico se llamaba Józef Meister y venía de Ville (Alsacia). El experimento fue un éxito, el niño no enfermó.

En octubre de 1885, un pastor, Jean-Baptiste Jupille había sido mordido por un perro rabioso al defender a seis pastorcillos que estaban siendo atacados por ese animal en Villers-Farlay, en el Jura. Jupille protegió a los chicos, dominó al perro y lo mató, pero antes fue mordido por la bestia enferma. El tratamiento de Jupille comenzó seis días después de que éste había sido mordido. Sus inyecciones se realizaron en el laboratorio de Pasteur en la École Normale, la primera el día 20 y la última el día 30 de octubre de 1885. Gracias a la intervención de Pasteur frente a la Academia Francesa de la que es miembro, Jean-Baptiste Jupille recibió el Premio Montyon (1000 francos), destinado a «recompensar a un francés pobre que se ha destacado por una acción heroica».

Luego pasó a ser empleado del Institut Pasteur, como ayudante de laboratorio, más tarde conserje y finalmente jefe de guardia. Una vez jubilado, falleció en 1923. Más tarde, Louis Pasteur lo salvó gracias a la inoculación de su nueva vacuna antirrábica (tomado de Etxaniz, 2023).

En 1887, a pedido de Pasteur, Grancher defendió la vacunación contra la rabia ante la Academia de Medicina, citando su exitosa tasa de supervivencia (Gelfand, 2002; Instituto Pasteur, 2023).

Los ecos de la hazaña científica de Pasteur no tardaron en traspasar las fronteras y extenderse por todo el continente, llegando cantidades ingentes de gente a París en busca del tratamiento. Esto impulsó al doctor Grancher a crear un centro de vacunación cerca del laboratorio de Pasteur, germen de lo que en 1888 se convirtió en el Instituto Pasteur, que todavía perdura hoy en día (Pasteur, 2023).

También llegó a España la noticia del triunfo de Pasteur, por lo que el Ayuntamiento de Barcelona decidió en 1886 crear el primer instituto antirrábico del país y el segundo del mundo tras el de París. Para dirigirlo se reclutó al doctor Jaime Ferrán y Clúa, un oftalmólogo tarraconense que se había interesado en el campo de la inmunología y había logrado descubrir y probar la primera vacuna anticolérica en Valencia.

El doctor Ferrán y la vacuna antirrábica en España (Del Laboratorio Microbiológico Municipal de Barcelona al Instituto Ferrán)

El doctor Jaime Ferrán y Clúa nació en Corbera (Tarragona) en 1852 y es considerado uno de los padres de la Microbiología española. Cursó la carrera de Medicina en Barcelona donde se licenció en 1873. Fue un gran aficionado a la fotografía y la aplicó en sus investigaciones ya que mantenía que era necesario fotografiar los seres observados en el microscopio en plena actividad biológica (García Rivera, 2002; Rodríguez Ocaña, s.d.).

En 1886, el alcalde de Barcelona, Francisco Rius y Taulet, lo nombró director del nuevo Laboratorio Microbiológico Municipal, y, en 1887 consiguió un nuevo método antirrábico que mejoraba los resultados conseguidos por Pasteur (García Rivera, 2002).

Obtuvo reconocimiento internacional por sus trabajos. Así, en el año 1907, la Academia de Ciencias de París le concedió el premio Bréant por su bacilo anticólera; durante la Primera Guerra Mundial, se utilizó su método de profilaxis anticolérica entre las tropas combatientes y, finalmente en el año 1919 obtuvo el bacilo contra la tuberculosis.

Durante su etapa como director del instituto antirrábico siguió investigando el tratamiento de la hidrofobia hasta que dos años más tarde dio con un nuevo procedimiento de fabricación de la vacuna, el denominado método supraselectivo, en contraposición al método selectivo de Pasteur (Vila Ferrán, 1976; Rodríguez Ocaña). En España, este procedimiento se generalizó en la década siguiente, y, al parecer, era empleado por el Instituto Koch cuando Ferrán lo visitó en 1925.

Su desempeño como director del laboratorio municipal barcelonés produjo numerosas iniciativas en diversos campos de la naciente inmunología, fruto de su capacidad inventiva, de su tenacidad investigadora y de su grandísima osadía experimental (Rodríguez Ocaña, s.d.).

IV.
La situación en Galicia y Ourense a finales del siglo XIX

David Simón Lorda
Ana Rúa Gómez

Las medidas sanitarias para luchar contra la hidrofobia en el Ourense anterior a la época de la vacuna no distan mucho de los métodos tradicionales ya mencionados. Como hasta 1885 no se obtuvo la vacuna, la única manera de enfrentarse a la enfermedad era mediante la prevención, la cauterización de las heridas... Los ataques por animales rabiosos eran relativamente frecuentes en el rural gallego y suponían una sentencia de muerte segura.

Fue una constante en la prensa local las noticias relativas a personas mordidas por animales con rabia o hidrofóbicos, así como las quejas respecto a la falta de medidas adoptadas por la Sanidad Municipal para prevención de la transmisión de la enfermedad.

Algunas iniciativas oficiales en la lucha antirrábica: La circular del *Boletín Oficial de la Provincia de Orense* sobre la rabia, mayo de 1885

Un testimonio de cómo se actuaba es la circular del gobierno provincial publicada en mayo de 1885 en el *Boletín Oficial de la Provincia de Ourense* (BOP), y que contiene una instrucción de 1863 sobre cómo auxiliar a una persona infectada en caso de no haber un médico presente y las medidas que deben tomar las autoridades.

Estamos en un momento en Pasteur acababa de descubrir la vacuna en Francia, y aún se había extendido la noticia, aunque como hemos visto lo hizo rápidamente.

En este documento del BOP de Ourense se expone lo que se recomendaba la ciencia médica del momento (pre-vacuna de Pasteur): que la rabia es una enfermedad transmitida al ser humano principalmente por la mordedura de perros, lobos, zorros y gatos, que además tienen la capacidad de infectar también a todo tipo de animales domésticos como caballos, vacas o aves de corral. Aunque la herida producida por estos últimos entraña menor riesgo, es necesario tomar precauciones similares. Además, también es conveniente no dejarse lamer las manos por un perro ya que pueden existir pequeñas heridas susceptibles de infectarse. Lo mismo ocurre con la entrada en contacto con la saliva de un animal hidrófobo en las primeras veinticuatro horas después de su muerte. Se insiste además en que no solo los perros callejeros pueden padecer la enfermedad, sino que también las mascotas son susceptibles.

También ofrece una detallada descripción de los síntomas de la rabia en el perro. En este animal el proceso se inicia con un decaimiento del ánimo, lentitud en los movimientos, apariencia de tener una sensación de malestar general que lo lleva a estar realizando cambios posturales continuamente y a veces parecer sufrir episodios de alucinaciones en los cuales adoptan conductas agresivas. Está presente desde el principio la alteración del apetito, que puede variar desde la ausencia completa hasta una avidez fuera de lo normal llegando a ingerir sustancias no comestibles como madera o carbón. Además, durante esta primera etapa el animal sufre de sequedad de garganta y boca lo que le provoca la necesidad de beber constantemente lo que puede dar lugar a confusión ya que la hidrofobia característica de esta patología sólo aparece en fases más avanzadas. Conforme pasa el tiempo el perro empieza a tener dificultades para tragar su saliva hasta el punto de que empieza a expulsarla por el hocico y la boca, adoptando un aspecto espumoso. Asimismo, suelen aullar de manera aguda y prolongada después de su ladrido habitual, siendo un signo muy característico, aunque en algunos casos, por efecto espasmódico puede no estar presente. Al contrario de lo que indica el propio nombre de la enfermedad, los perros rabiosos sólo se vuelven irascibles y con ansias de morder cuando se los provoca o se encuentran con otros perros, de lo contrario suelen permanecer más o menos tranquilos, aunque siempre dispuestos a atacar a la mínima perturbación. En el caso de los lobos y los zorros, la hidrofobia tiene una historia natural muy similar a la ya explicada.

Se incluyen también las actuaciones a realizar después de sufrir un ataque por un animal rabioso para educar a la población general. Además de buscar ayuda de un profesional médico, se recomienda intentar que la menor cantidad de baba posible entre en contacto con la sangre de la persona, para ello se puede exprimir la herida y aplicar una ligadura en la zona inmediatamente superior. Se debe lavar la lesión con agua mezclada con un álcali diluido o lejía en su defecto y a continuación cauterizarla con algún instrumento de hierro candente.

Respecto a las medidas a tomar por las autoridades locales, se recuerda el deber de sacrificar a los animales que muestren signos de hidrofobia, así como a aquellos mordidos y proporcionar asistencia a las personas atacadas y recopilar información acerca del incidente (especie animal, hora del suceso, zona del cuerpo afectada...) para enviarla a los subdelegados médicos de Sanidad. Más específicamente en materia de prevención, se debe colaborar con pastores y demás para detectar reses y depredadores salvajes que puedan estar rabiosos, controlar a través de multas la obligatoriedad del uso de bozales dentro del término municipal, sacrificar animales callejeros y prohibir que se depositen animales muertos en las calles y mantener una correcta limpieza de estas.

Noticias sobre la rabia y denuncias en la prensa local (1876-1880)

Sin embargo, hay constancia de que el Ayuntamiento de Ourense mostraba una gran pasividad respecto a la puesta en marcha de medidas preventivas como se ve reflejado en varios recortes de la prensa de la época.

Un ejemplo de ello relativo a Ourense es la noticia aparecida en *El Heraldo Gallego* en mayo de 1876 en un tono satírico y de denuncia:

> Hace ya dos meses que en Madrid y otras poblaciones se ha dictado el bando tomando precauciones contra la hidrofobia. En Orense, a pesar de que el calor aumenta, los dignos individuos de la raza canina vagan impunes por las aceras, haciendo piruetas que demuestran claramente el poco respeto que les infunden los dignísimos agentes de policía municipal.
> *El Heraldo Gallego: semanario de ciencias, artes y literatura,* 10 de mayo de 1876.

Este periódico o semanario ourensano *El Heraldo Gallego* estaba dirigido por el periodista Valentín Lamas Carvajal, y fue editado entre 1874 y 1880. Era más bien una revista cultural, y que se subtitulaba *Semanario de Ciencias, Artes y Literatura*, y fue una de las publicaciones punteras de la prensa cultural gallega en la Restauración. Le dio mucho espacio en sus páginas a aspectos relacionados con organización de la profesión médica y de la transmisión del conocimiento científico-tecnológico en el Ourense de finales del siglo XIX (Simón, 2015). Su preocupación sobre la hidrofobia y las deficiencias a nivel preventivo por parte de las autoridades municipales fue constante a lo largo de los años. Así desde el periódico *El Heraldo Gallego* con fecha del 10 de agosto de 1879:

> En la seguridad de que nuestras indicaciones han de ser atendidas, rogamos a nuestra digna autoridad local, dé las órdenes oportunas para que se proceda a la vacunación de niños y, que se prevengan los inconvenientes que puedan sobrevenir de esta época de calor riguroso, dejando andar errabundos por las calles de la población a un sinnúmero de perros, propensos como están a ser atacados por la hidrofobia.
> *El Heraldo Gallego, semanario de ciencias, artes y literatura*, Año VI, número 336, 8 de agosto de 1879, sección Ecos de Orense.

Estas noticias de prensa ponían de manifiesto la vieja creencia de que el calor participa de alguna manera en la patogenia de la enfermedad y también el descontrol de los perros callejeros.

La situación no debía de ser mucho mejor en otros territorios de Galicia ya que en agosto de 1880, en la revista *La Ilustración Gallega y Asturiana* se relata un ataque especialmente cruento. En agosto de ese año una loba rabiosa mordió a veinte personas y, también muchísimo ganado y perros, que fueron sacrificados por temor a que se hubiesen infectado. Días después la Guardia Civil de Lugo realizó una batida para acabar con los lobos rabiosos, que de haberse hecho con anterioridad habría permitido salvar muchas vidas. Una de las víctimas fue un hombre joven cuya agonía también aparece descrita:

> Escriben de esta villa, que el joven al que mordió hace quince días una loba rabiosa conservó el conocimiento hasta el último instante, y que él mismo pidió que lo atasen, como así efectuaron, amarrándole fuertemente y sujetándole además seis hombres, los que fueron relevados por otros seis transcurrido algún tiempo por no poder resistir, pues los accesos eran continuados sin que mediasen más de cuatro o cinco segundos entre unos y otros, arrojando gran cantidad de baba, que a última hora venía mezclada con sangre, manifestando a los que le sujetaban, no tuviesen miedo que no mordería a nadie, pues estaba en pleno uso de su razón, y rogando a su familia se retirasen de la habitación, pues para padecer bastaba él.
> *La Ilustración Gallega y Asturiana,* 28 de agosto de 1880.

En este período desde el único establecimiento hospitalario público era el Hospital Provincial, situado en el edificio de As Mercedes. Allí estaba situado desde mediados del siglo XIX y estará hasta 1930, momento en que se traslada al nuevo Hospital Provincial de Ourense. Recordemos que seguimos hablando de un hospital dedicado a la Beneficencia provincial, junto al cual van abriendo a lo largo de los años diferentes consultorios, gabinetes médico-quirúrgicos y pequeñas clínicas, dedicadas a la clientela privada y dentro de un modelo de una profesión médica dedicada mayoritariamente a la medicina liberal (Simón, 2024).

El proyecto de un nuevo centro hospitalario (Hospital Provincial de Ourense, también llamado Hospital de As Lagoas u Hospital Modelo) arranca en 1908-1909, y tardará más de veinte años en abrir sus camas y quirófanos.

V.
Médicos gallegos en el Instituto Pasteur y la llegada de la vacuna a España y a Galicia (1886-1897)

David Simón Lorda
Ana Rúa Gómez

El descubrimiento de la vacuna en 1885 por Pasteur supone un cambio de paradigma en la lucha antirrábica. La noticia se hizo eco por toda Europa, publicándose sus experiencias en numerosas revistas científicas y llegando también a España. Tras los primeros experimentos de Pasteur, una avalancha de gentes de todo el mundo fue llegando a Paris en busca de solución a su problema....y en Galicia, como en el resto del mundo, el tema fue seguido con gran interés (Fraga, 1997).

El doctor «Gambetta» en la Clínica de Pasteur: de Lugo a París (verano de 1886-1888)

En 1886, un médico de Lugo viaja a París para estudiar en la Clínica Pasteur el tratamiento preciso para curar la rabia. Viaja con una niña que había sido mordida por un perro. Esta visita parisina fue sufragada con ayuda de la Diputación Provincial de Lugo (*El Regional*, Lugo, 7-VII-1886). A su regreso escribió una reseña sobre el procedimiento y tratamiento de Pasteur, y el tratamiento seguido con la niña hasta su total recuperación.

El doctor Jesús Rodríguez López (Lugo, 1859-1917), además de médico, fue también escritor, poeta y político. Muy popular en el Lugo de su tiempo, era conocido con el sobrenombre de Gambetta, por su parecido con el político y parlamentario francés del mismo apellido (Calvo, 2017; Abel Vilela, s.d.).

La prensa regional se hizo eco de los excelentes resultados obtenidos por el médico (*El Regional*, Lugo, 25-VII-1886). El doctor Rodríguez López publica poco después tres artículos, titulados «Procedimiento Pasteur», en los que explica sus experiencias en el instituto parisino (*El Regional*, Lugo, 8-VIII-1886; 10-VIII-1886 y 11-VIII-1886).

En su libro *Supersticiones de Galicia* (1895), y que fue prohibido por la Iglesia en su primera edición, dedica varias de sus páginas a la rabia y a algunas prácticas religiosas populares que se practican en Galicia. Muy crítico con la costumbre de «cruzar» la frente de las personas mordidas por animales rabiosos con las llaves incandescentes de la iglesia de alguno de los santos considerados como abogados de la rabia. Arremetía contra la Iglesia por permitir dichas costumbres y da varias «indicaciones útiles sobre la rabia para ilustración del pueblo supersticioso». Entre ellas, además de lavado herida o desaconsejar el cauterio de la herida pasada media hora de la mordedura, recomienda acudir siempre y de forma temprana a la vacunación antirrábica (Rodríguez López, 1895).

En su libro *Las preocupaciones en medicina conocimientos útiles a la familia, reglas para conservar la salud para no dejarse engañar por los curanderos y para conocer a los médicos* (1896) dedica también varias páginas a la inoculación antirrábica, y aporta un recuerdo sobre Pasteur y su viaje a París en 1886:

> Jamás olvidaré la modesta figura de Pasteur, ni la sencillez de aquel Instituto de la Rue de Vaquelin, en donde se han reunido numerosas personas de todas las partes del mundo para gloria de Francia y admiración de uno de sus más esclarecidos genios.
> Rodríguez López, 1896, p. 178.

Breves biografías de los médicos comisionados en el viaje al Instituto Pasteur de París en 1886

En ese mismo momento, el ministro de Fomento, que por aquel entonces era el gallego Eugenio Montero Ríos, decidió financiar una comisión de médicos para que acudiesen a París a estudiar el descubrimiento de Pasteur. Por R. O. de 14 de mayo de 1886 se comisiona al doctor don Maximino Teijeiro Fernández, Catedrático de la Universidad Literaria de Santiago, para estudiar el sistema Pasteur para la rabia en la vecina República Francesa. Le acompañan don Gerardo F. Jeremías Devesa y don Leopoldo López García (Leira, 2015). La Comisión llega a París en julio de 1886 (Fraga, 1997). Daremos unos breves esbozos biográficos de estos tres médicos:

Leopoldo López García (1854-1932): Era profesor auxiliar de la cátedra Histología Normal y Patológica en Madrid. Además, fue el encargado oficial de los Análisis Micrográficos del Hospital Clínico San Carlos de 1885 a 1889. Su conocimiento era tan amplio que su laboratorio pronto se convirtió en referencia nacional. Su prestigio como bacteriólogo era muy importante y reconocido, por lo que fue enviado al Instituto Pasteur como comisionado (Díaz Rubio, s.d.; Río-Hortega, 2019).

Gerardo Jeremías Devesa (1847-1890): fue el segundo de los protagonistas de la expedición. De extracción social humilde, logró una beca para estudiar Medicina en la Universidad de Santiago de Compostela. En 1873 obtuvo por oposición la cátedra de Anatomía de Descriptiva y General de la Universidad de Granada y posteriormente por concurso de traslado la de Patología Quirúrgica, retornando a su alma mater. Fue nombrado rector de la Universidad de Santiago en 1888, puesto que ejerció hasta su repentina muerte en 1890. Es importante destacar su estrecha relación política y personal con Montero Ríos ya que además de compartir la misma ideología liberal y frecuentar los mismos círculos sociales, el doctor Jeremías se casó con la sobrina del ministro. Esta posición privilegiada le permitió ser uno de los seleccionados para la comisión antirrábica (Fraga, 2016).

Maximino Teijeiro Fernández (1827-1900): Era el presidente de la expedición a París. Estudió Medicina en la Universidad de Santiago de Compostela licenciándose en 1853. Desde 1863 se ocupa de la cátedra de Patología General. Más adelante, por permuta, ocupó la cátedra de Anatomía Quirúrgica, Apósitos y Vendajes. Fue el primero en realizar en Galicia una laparotomía abdominal.

Además de su dedicación a la cirugía, estaba muy interesado en la bacteriología, llegando a publicar varios trabajos sobre fiebre tifoidea o la sífilis entre otros.

Tuvo un destacado papel en la política de la época, siendo senador del reino por el Claustro de catedráticos entre 1886 y 1893 por el partido liberal. También ejerció como rector magnífico de la Universidad de Santiago hasta su muerte en 1900 (Fraga, 2012).

Entre 1887-1888 se publica en Santiago una pequeña monografía de 24 páginas titulada *Estudios de Mr. Pasteur sobre la rabia / extracto de una conferencia dada por el catedrático de esta escuela doctor don Gerardo F. Geremías y Devesa,* que fue publicada por los doctores Francisco Piñeiro Pérez, Manuel Otero Acevedo, Jesús López Alende y Gerardo Jeremías y Devesa.

También Jeremías publica varios trabajos en la *Gaceta de Galicia* en mayo de 1887 acerca de los estudios de Pasteur sobre la rabia (Franco, 2014).

Para Franco (2014) el doctor Jeremías se mostraba bastante crítico con el método de Pasteur. Hay autores que manifiestan estar convencidos de que, a pesar de la expedición a París, en Santiago no se llegó sistematizar en ese momento el método de Pasteur, y que hasta la primera década del siglo xx se practicaba sistemáticamente a toda persona con lesiones por animales sospechosos de rabia, la termocauterización de los labios de la herida, con la pretensión de destruir el virus causal de la enfermedad (Franco, 2014).

En Galicia comenzó a aplicarse el método de vacunación antirrábica de Pasteur a partir de 1897, y lo hará el doctor Cobián Areal en Pontevedra, como veremos más adelante.

La «Memoria sobre el sistema curativo de la rabia... » (1888)

En 1888 se publica en Santiago de Compostela el libro *Memoria original que, sobre el sistema curativo de la Rabia descubierto por M. Pasteur, en cumplimiento de la comisión que le fue concedida por Real Orden del 14 de mayo de 1886.* En ella, explicaban las bases del suero antirrábico de Pasteur, así como algunos de los experimentos de inoculaciones a conejos realizados por ellos mismos para practicar la manipulación de la vacuna (Fraga, 1997). También llevaron a cabo numerosos intentos de aislar y cultivar el virus, pero el doctor Teijeiro decidió no incluir los resultados en el documento (Leira, 2015).

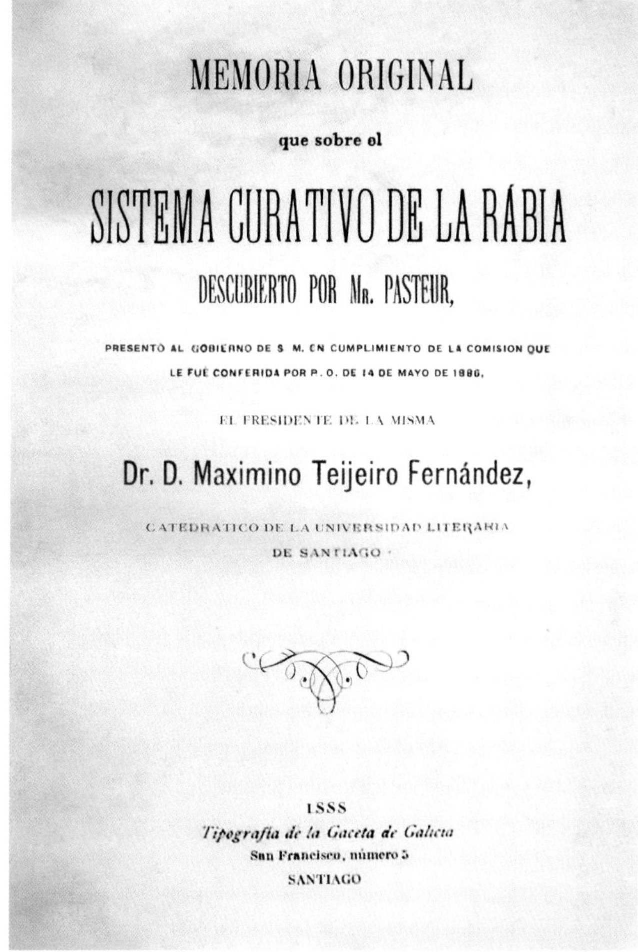

MEMORIA ORIGINAL

que sobre el

SISTEMA CURATIVO DE LA RÁBIA

DESCUBIERTO POR Mr. PASTEUR,

PRESENTÓ AL GOBIERNO DE S. M. EN CUMPLIMIENTO DE LA COMISION QUE LE FUÉ CONFERIDA POR R. O. DE 14 DE MAYO DE 1886,

EL PRESIDENTE DE LA MISMA

Dr. D. Maximino Teijeiro Fernández,

CATEDRÁTICO DE LA UNIVERSIDAD LITERARIA DE SANTIAGO

1888

Tipografía de la Gaceta de Galicia

San Francisco, número 5

SANTIAGO

ILUSTRACIÓN 2 Portada de *Memoria original que, sobre el sistema curativo de la Rabia descubierto por M. Pasteur*, en cumplimiento de la comisión que le fue concedida por Real Orden del 14 de mayo de 1886, Santiago de Compostela en 1888.

En las conclusiones del documento reflejaron la urgencia de traer la vacuna a España y abrir al menos un instituto antirrábico por el sistema de la vacuna de Pasteur, así como dotarlo de los medios adecuados para realizar su cometido. Insistieron en la necesidad de implicar a los gobiernos locales, médicos y veterinarios municipales en la tarea de crear un registro de los casos de rabia tanto en humanos como en animales, así como de comunicar mensualmente la relación de vacunados (Fraga, 1997). Hasta la apertura del Instituto Cobián en 1897, el Instituto del doctor Ferrán en Barcelona, era señalado como el lugar de referencia para el tratamiento de esta patología (Leira, 2015).

Algunos periplos asistenciales de las personas afectadas por rabia

En período que va desde verano de 1885 y hasta que no se dispuso de la posibilidad de vacunación antirrábica en Galicia en 1897, los pacientes eran enviados para tratarse directamente al Instituto Pasteur en París, tal y como ya vimos en el caso de Lugo y el doctor Jesús Rodríguez López.

Posteriormente a partir de 1889 también comienzan a enviarse al Laboratorio Microbiológico Municipal de Barcelona, dirigido por Ferrán. Dichos viajes eran sufragados por los propios pacientes o con la ayuda de las instituciones locales o provinciales.

A través de la prensa de la época se pueden rastrear muchos casos y situaciones.

Así, a modo de ejemplo, en 1887 en *El Siglo Médico* (1887), se relata el ataque de un perro hidrófobo a un niño en Ferrol y ya el subdelegado de Sanidad y los médicos municipales recomiendan su envío al Instituto Pasteur para administrarle el tratamiento. Fraga (1997) refiere que, a cargo del Ayuntamiento de A Coruña, entre 1886-1891, se envían cuatro personas a París para ser tratadas por Pasteur, y otras cuatro (a partir de 1889) a Barcelona al Laboratorio Microbiológico (con Ferrán al frente del mismo).

Tal era la afluencia de pacientes para vacunarse que surgieron oportunidades de negocios hosteleros alrededor de la logística de envío, recepción y alojamiento de los enfermos que iban a tratarse en el Instituto Pasteur de París y en el Instituto Ferrán en Cataluña. Dichos establecimientos enviaban cartas comerciales y publicidad a los ayuntamientos.

Un ejemplo es el Grand Hotel du Languedoc, situado muy próximo al Instituto Pasteur, y cuyo dueño escribió al alcalde de Ourense en 1891 poniéndose a su disposición para alojar a quien necesitase recibir el suero por un módico precio, y presentándole tarifas variadas según nivel de pago y edades de los pacientes.

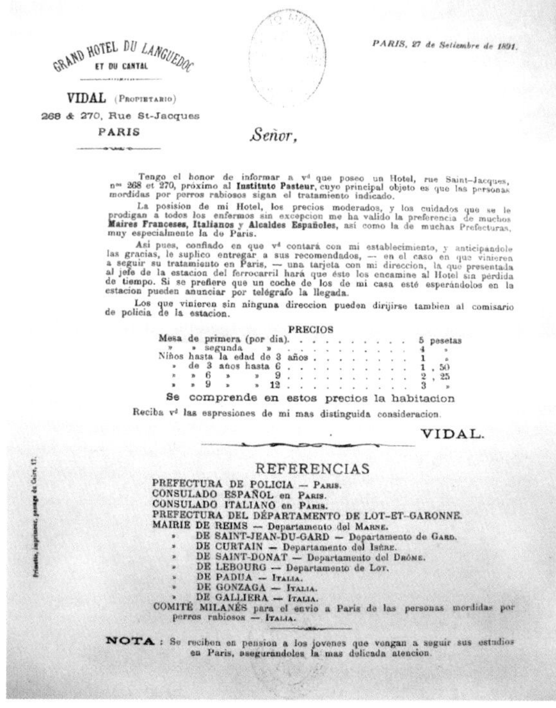

GRAND HOTEL DU LANGUEDOC
ET DU CANTAL

VIDAL (PROPIETARIO)
268 & 270, Rue St-Jacques
PARIS

PARIS, 27 de Setiembre de 1891.

Señor,

Tengo el honor de informar a v[d] que poseo un Hotel, rue Saint-Jacques, n°s 268 et 270, próximo al **Instituto Pasteur**, cuyo principal objeto es que las personas mordidas por perros rabiosos sigan el tratamiento indicado.

La posision de mi Hotel, los precios moderados, y los cuidados que se le prodigan a todos los enfermos sin excepcion me ha valido la preferencia de muchos **Maires Franceses, Italianos** y **Alcaldes Españoles**, así como la de muchas Prefecturas, muy especialmente la de Paris.

Asi pues, confiado en que v[d] contará con mi establecimiento, y anticipándole las gracias, le suplico entregar a sus recomendados, — en el caso en que vinieren a seguir su tratamiento en Paris, — una tarjeta con mi direccion, la que presentada al jefe de la estacion del ferrocarril hará que éste los encamine al Hotel sin pérdida de tiempo. Si se prefiere que un coche de los de mi casa esté esperándolos en la estacion pueden anunciar por telégrafo la llegada.

Los que vinieren sin ninguna direccion pueden dirijirse tambien al comisario de policia de la estacion.

PRECIOS

Mesa de primera (por dia)	5 pesetas
» » segunda »	4 »
Niños hasta la edad de 3 años	1 »
» de 3 años hasta 6	1 , 50
» » 6 » » 9	2 , 25
» » 9 » » 12	3 »

Se comprende en estos precios la habitacion

Reciba v[d] las espresiones de mi mas distinguida consideracion.

VIDAL.

REFERENCIAS

PREFECTURA DE POLICIA — PARIS.
CONSULADO ESPAÑOL en PARIS.
CONSULADO ITALIANO en PARIS.
PREFECTURA DEL DÉPARTAMENTO DE LOT-ET-GARONNE.
MAIRIE DE REIMS — Departamento del MARNE.
» DE SAINT-JEAN-DU-GARD — Departamento de GARD.
» DE CURTAIN — Departamento del ISÈRE.
» DE SAINT-DONAT — Departamento del DRÔME.
» DE LEBOURG — Departamento de LOT.
» DE PADUA — ITALIA.
» DE GONZAGA — ITALIA.
» DE GALLIERA — ITALIA.
COMITÉ MILANÉS para el envio a Paris de las personas mordidas por perros rabiosos — ITALIA.

NOTA : Se reciben en pension a los jovenes que vengan a seguir sus estudios en Paris, asegurándoles la mas delicada atencion.

ILUSTRACIÓN 3
Carta al alcalde de Ourense desde París.
Año 1891. Archivo Municipal de Ourense.

En ocasiones, incluso el propio personal médico podía contagiarse en el proceso de atención o asistencia a enfermos rabiosos.

Así ocurre en 1887 en A Coruña, en donde el médico municipal Manuel Barbeito Segovia se contagió el 13 de marzo de 1887 cuando se estaba atendiendo el proceso de mordeduras por una perra rabiosa a dos vecinos (Benjamín F. y Juan R.). Los vecinos fueron atendidos por el servicio médico del municipio. El protocolo de intervención sanitario establecido para mordeduras de perro requería controlar si el animal estaba rabioso. Se realizaba una observación del perro, para detectar signos de la enfermedad, y la extracción de parte de su sistema nervioso central (médula espinal o cerebro) e inoculación de ese material a cuatro conejos. La aparición de síntomas en ellos relacionados con la rabia confirmaban el diagnóstico (Fraga, 2015). El médico Manuel Barbeito Segovia de 29 años, se pinchó en un dedo con el estilete que sostenía para realizar la extracción de la médula espinal de la perra. Fue una inoculación accidental que provocó la lógica alarma al comprobar que el animal estaba rabioso. La respuesta fue inmediata, y el Concello de A Coruña pagó el viaje a París del empleado municipal y de los dos vecinos afectados. Los afectados acudieron al Instituto Pasteur, donde fueron vacunados y salvaron su vida (Fraga, 2015).

Posteriormente, con la creación del Instituto Antirrábico dirigido por el doctor Ferrán ya se solía trasladar a los enfermos a Barcelona. Los gastos derivados del viaje y el tratamiento eran sufragados muchas veces con fondos del ayuntamiento como se recoge la revista *Álbum Literario* (Ourense) el 17 de marzo de 1889:

> En nombre del padre del niño que fue mordido por un perro hidrófobo en el campo de la Feria damos las gracias a todas las personas que de alguna manera trataron de conseguir que su hijo ingresara en el Instituto del doctor Ferrán, y muy especialmente al ayuntamiento de Orense que se ofreció a iniciar la suscripción con cien pesetas, de las que afortunada-

mente no ha tenido necesidad de utilizarse, renunciando desde luego a ese donativo.
Álbum Literario (Ourense), 1889, número 59, página 7.

También había subvenciones de la Comisión Provincial (Diputaciones Provinciales) para este fin. Así en periódico *Galicia Moderna,* informa en octubre de 1888 que en Ourense

> La Comisión Provincial ha socorrido con 150 pesetas al vecino de esta ciudad don Luis Seijo, mordido por un gato hidrófobo, para que pueda trasladarse a Barcelona, con objeto de someterse al tratamiento antirrábico en el Instituto dirigido por el doctor Ferrán.
> *Galicia Moderna,* 21 de octubre de 1888.

Sin embargo, es no siempre estos fondos eran suficientes para satisfacer las necesidades reales ya que en el número 57 de *Álbum Literario* (Ourense) se relata un episodio en el que, una vez agotados los fondos para «imprevistos» de la Comisión, los propios miembros de ésta y el presidente de la Diputación aportaron dinero de su bolsillo para costear el tratamiento a una mujer. Otras veces se promovían conciertos o funciones teatrales para recaudar fondos para sufragar los gastos de envío a Barcelona.

Cabe señalar que el semanario ourensano *Álbum Literario,* será activo defensor de las campañas de vacunación y de los institutos de vacunación (antivariólica, antirrábicos...) durante los años en que fue editado (1888-1893) bajo la dirección de Luciano Cid Hermida. Esta revista llamada *Álbum literario: revista semanal de literatura, ciencias y arte,* era una publicación bastante especial, con mucho contenido literario y divulgativo sobre temas científicos (Valcárcel, 1987).

A continuación, se adjunta uno de los numerosos recortes de la prensa de la época en los que se relata la partida de un enfermo a la clínica del doctor Ferrán.

OBRA MERITORIA

Verdadera es la satisfacción que sentimos al consignar que la suscripción pública iniciada para sufragar los gastos de viaje á la infeliz mujer que fué mordida en un brazo por un perro atacado de hidrofóbia, ha dado resultados altamente lisonjeros demostrando así que el pueblo de Orense abunda en generosos y nobles sentimientos.

Imposibilitada la Comisión provincial de concederle subvención alguna, por hallarse agotado el capítulo de imprevistos,—de lo que podemos responder y, si necesario fuera, dar relación detallada de los libramientos expedidos contra esa partida del presupuesto provincial,—los individuos de la misma, y el Presidente de la diputación señor Reigada, se apresuraron á contribuir con su bolsillo particular al socorro de aquella desgraciada.

Nosotros que, en nombre de la infeliz y aflijida mujer, hicimos varias gestiones y le proporcionamos una eficaz recomendación para el Gobernador civil de Barcelona señor Antunez, podemos asegurar que la Comisión provincial se encuentra imposibilitada de acordar gasto alguno que afecte al capítulo de imprevistos, hasta que sea aprobado el presupuesto adicional, y que todos, absolutamente todos, dieron pruebas de sus caritativos sentimientos.

ILUSTRACIÓN 4
Revista *Álbum Literario* (Ourense), 1889, número 57.
Biblioteca Deputación Provincial de Ourense

En *Álbum Literario* se siguió de cerca la problemática y se hizo una importante labor de divulgación científica al igual que en el caso de la vacunación antivariólica (Simón y Rúa, 2015). Así en el número 22, del 1 de julio 1888, se publica un extenso artículo de Jaime Ferrán, que había sido publicado en Barcelona en 1887, y titulado «La inoculación antirrábica en el hombre».

En números siguientes desde esta revista local se siguieron dando noticias acerca del problema de la hidrofobia. Por ejemplo, en el número 52 de la revista del 27 de enero de 1889:

> El miércoles de la semana última ha recorrido varias calles de la capital un perro rabioso que, después de morder a seis o siete de sus congéneres y también a un gato, se abalanzó en el campo de la Feria a un pobre niño, que fue curado de la mordedura en el Hospital Provincial por el médico Sr. Quesada... Sabemos que el Gobernador Civil han dirigido atentos y sentidos comunicaciones a la Comisión Provincial y al Ayuntamiento trasladando el parte facultativo del Sr. Nóvoa y excitando sus humanitarios sentimientos para que se concedan los socorros necesarios a la afligida madre del niño que ha sido mordido por un perro rabioso, con objeto de que pueda acompañarlo a Barcelona para que ingrese en el Instituto de vacunación del doctor Ferrán. Si algo valoran nuestros ruegos, tómenlos en cuenta las dos corporaciones populares a quienes nos dirigimos, y no olviden que la Diputación y el Ayuntamiento de San Sebastián acaban de pagar los gastos del viaje de nueve niños, dos padres y una madre de estos a París para su ingreso en el Instituto de Mr. Pasteur. La redacción y el director de Álbum Literario como tal director y como Presidente del popular Orfeón de la Unión Orensana, dispuesto se halla a secundar en la medida de sus fuerzas esta obra meritoria promoviendo un concierto o una suscripción pública si necesario fuera.
> *Álbum Literario,* 1889, número 52, 27 de enero de 1889.

En el siguiente número, en febrero de 1889, indican nuevas noticias acerca de la hidrofobia y la atención inmediata dispensada en el Hospital Provincial (situado en el Hospital de As Mercedes) por el medico Ramón Quesada Borrajo (que fue el primer presidente del Colegio de Médicos de Ourense) (Simón y Rúa, 2015):

> hemos oído asegurar que el perro que tanta alarma produjo hace pocos días en la capital por habérselo creído rabioso continúa en poder de su dueño sin haber presentado signos de hidrofobia Si tan halagüeña noticia se confirma, felicitamos a los angustiados padres del niño mordido por dicho perro, y por conceptuarlo ya innecesario se desistirá de la proyectada velada literario musical, que pensaba celebrar en la calle de la Paz, con objeto de arbitrar recursos para la curación del niño en el Instituto del doctor Ferrán...» «El miércoles de la semana última ha recorrido varias calles de la capital un perro rabioso que, después de morder a seis o siete de sus congéneres y también a un gato, se abalanzó en el campo de la Feria a un pobre niño, que fue curado de la mordedura en el Hospital Provincial por el médico Sr. Quesada.
> *Álbum Literario*, 1889, número 53, 3 de febrero de 1889.

VI.
El primer instituto antirrábico en Galicia: 1897, Pontevedra, doctor Ángel Cobián Areal

David Simón Lorda
Ana Rúa Gómez

El primer médico que administró la vacuna antirrábica en Galicia fue el doctor Ángel Cobián Areal (1854-1901). Nació en Salcedo, una parroquia de Pontevedra, en 1854, cursó sus estudios de Medicina en Madrid y después regresó a su ciudad natal. Allí tuvo diferentes cargos: desde procurador médico del Ayuntamiento de Pontevedra a director médico del hospital provincial. Además de su faceta como médico también llegó a ser alcalde de Pontevedra entre 1891 y 1893, etapa durante la cual promovió la construcción del hospital provincial y numerosas campañas de vacunación frente a la viruela. En el año 1894 abre su consulta en la calle Puente (Fortes, 1992; Fraga, 1997; Fraga, 2012; Bará, 2020).

Durante esta década, el ministerio de Gobernación lo nombró comisionado de España para estudiar la metodología y el funcionamiento del Instituto Pasteur, el de Koch en Berlín y el del doctor Ferrán en 1896. Estos viajes o excursiones científicas le permitieron profundizar en su conocimiento acerca de la rabia, la difteria, así como conocer los rayos X y su aplicación en Medicina (Fraga, 1997; Fortes, 1992).

Al ver el potencial que tenían los rayos X, decidió adquirir un aparato e instalarlo en su consulta, siendo el primero en Galicia (Bará,2020).

También realizó otro viaje a Oporto comisionado por el mismo ministerio con el fin de idear medidas preventivas para evitar que la epidemia de peste que asolaba la ciudad lusa en aquellos momentos se extendiese a la provincia de Pontevedra. Tras conseguir aislar el microorganismo responsable de la infección, Cobián escribió a Roux, del Instituto Pasteur, para solicitarle el envío de las instrucciones para la síntesis de la vacuna contra la peste. Como resultado de su estancia en Oporto publicó en 1900 unas memorias tituladas *La Peste Bubónica en Oporto* en las que detallaba las características de la bacteria, así como su medidas preventivas y terapéuticas de la peste (Fraga, 2012).

En primeros meses de 1897 fundó el primer instituto antirrábico de Galicia, situado en la calle San Telmo de Pontevedra

(Fortes, 1992). Aunque el desempeño principal fue la vacunación de la hidrofobia, también se administraba el tratamiento de la difteria y la tuberculosis. Para su mantenimiento el doctor Cobián emprendió una campaña de peticiones a las diputaciones gallegas y ayuntamientos de la provincia (Fortes, 1992). Se llevaba un registro de la actividad del Instituto y se publicaban las cifras de vacunados trimestralmente en la prensa y en los boletines oficiales de la provincia (Fraga, 1997; Fraga, 2012; Bará, 2020). Eran boletines con profusión de detalles personales y clínicos acerca de las circunstancias de la mordedura (perro, lobo, gato...), duración del tratamiento, número y clase de heridas... Atendían a personas de todo Galicia y también de zonas limítrofes (León y Zamora) (Fortes, 1992).

El Instituto Antirrábico daba los partes trimestrales en la prensa sobre cuántas personas habían sido tratadas en él. Por ejemplo, en 1900 ingresaron 36 personas, de las cuales 24 eran de Pontevedra, ocho de A Coruña, tres de Ourense y dos de Lugo. La causa más común, por mordedura de perro, pero también por gatos o por la mordedura de un buey. También acudían por mordeduras causadas por lobos. Así aconteció en cuatro enfermos de rabia que llegaron gravísimos al instituto y procedentes de Ponferrada (Bará, 2020).

La estancia en Barcelona permitió al doctor Cobián conocer el trabajo del doctor Ferrán y mantener una relación epistolar con él. En sus cartas Ferrán le asesoraba sobre cuestiones como crear desde cero un instituto Antirrábico, la técnica de aplicación de la vacuna e incluso se ofrecía a proporcionarle el virus para la vacuna.

Sin embargo, en 1897 cesaron las comunicaciones entre ambos por algún posible desacuerdo en la representación de los productos del doctor Ferrán. En este mismo año el doctor Cobián ya estaba en busca de nuevos proveedores y mantuvo contacto con el doctor Llorente, del Instituto Bacteriológico de Madrid y con el Instituto Koch. Siguió ejerciendo la medicina hasta que falleció repentinamente en 1901.

El instituto siguió funcionando de la mano del doctor José Filgueira Martínez por lo menos hasta 1926 (Fraga, 2012; Bará, 2020) si bien ya desde 1924 el Instituto Provincial de Higiene de

Pontevedra fue asumiendo los trabajos del instituto de Cobián Areal (Fortes, 1992).

Tras la muerte de Cobián Areal, siguió recibiendo enfermos de fuera de Pontevedra. Un ejemplo es la solicitud que le hacen al Instituto desde la alcaldía de Allariz para que admitan a un enfermo pobre para ser tratado en el centro (de aquellas ya dirigido por Filgueira).

ILUSTRACIÓN 5
Doctor Ángel Cobián Areal. *Álbum da Ciencia. Culturagalega.org*

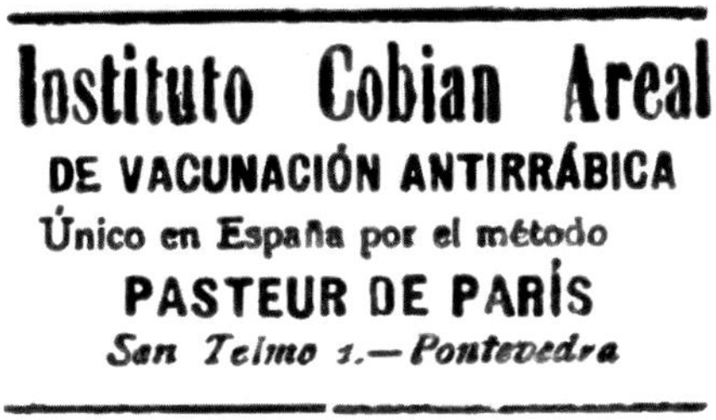

Instituto Cobian Areal
DE VACUNACIÓN ANTIRRÁBICA
Único en España por el método
PASTEUR DE PARÍS
San Telmo 1.—Pontevedra

ILUSTRACIÓN 6
Anuncio del Instituto Cobián Areal. *El Diario de Pontevedra,* 1901

VII. La vacunación antirrábica en Ourense. Etapa inicial.

David Simón Lorda
Ana Rúa Gómez

En el tránsito al siglo XX, en Europa se produjeron algunos cambios cruciales en el campo de la medicina y la salud, que poco a poco fueron llegando también a Ourense: el desarrollo de nuevas prácticas médicas, tales como la implantación de una ciencia médica basada en el laboratorio o la eclosión de nuevas formas de organización médica (Zarzoso et al, 2011). Ya iniciado el siglo XX, se producirá la irrupción y consolidación de las especialidades médicas, donde el uso de las estrategias publicitarias va a tener un papel relevante en la prensa local y en las revistas científicas (Zarzoso et al, 2011).

A finales de siglo XIX y primeros años del siglo XX, proliferaron en todo el Estado los gabinetes privados médico-quirúrgicos como respuesta a la demanda de una burguesía cada vez más pudiente y moderna que exigía las últimas novedades terapéuticas en el campo médico quirúrgico y también van a desarrollarse iniciativas en el campo de las vacunaciones (entre ellas la antirrábica) y de la medicina de laboratorio.

Hay que señalar que en 1885 comienza a funcionar en la ciudad de Ourense el primero de una serie de institutos de vacunación antivariólica que tendrán actividad hasta 1906 al menos. Eran de carácter privado, pero que hacían conciertos con la administración local para la vacunación de niños, para el envío de material vacunal o de vacunación a domicilio. Se irán sucediendo a lo largo de los años y hasta al menos 1906, momento en que a partir de 1910 su labor es continuada o sustituida por el laboratorio municipal. Supusieron una importante innovación asistencial en el terreno de las vacunaciones contra la viruela y recibieron claro apoyo por la prensa y sociedad de la época, facilitando a su vez la llegada de las vacunaciones antirrábicas a la provincia (Simón y Rúa, 2007, 2015).

El Sanatorio Quirúrgico y el Instituto Antirrábico de Ourense (de los doctores Lino Porto y Francisco J. Rionegro, 1899)

Los doctores Lino Porto Porto y Francisco J. Rionegro Díez establecieron su sanatorio quirúrgico en 1899 en la calle Padre

Feijóo de la capital ourensana. Un anuncio de El *Eco de Orense* publicado el 26 de octubre de 1900 resume la actividad llevada a cabo en este centro sanitario. Dicen los médicos citados en su anuncio que han cosechado numerosos éxitos durante el año que lleva de instalación. Por la casuística expuesta, podemos aventurar que eran cirujanos experimentados que abordaban casos que hoy día son materia de estudio y técnica quirúrgica de varias especialidades: varicocele, fibroma intrauterino, castración, hidrocele, fimosis, extracción de cálculos, uretrotomía, quistes sebáceos, ránula, pólipos nasales, angioma, cáncer del pecho, cáncer de los labios, catarata, pólipo del oído... (Simón, 2011).

ILUSTRACIÓN 7
Anuncio del Sanitario Quirúrgico de los doctores Porto y Rionegro. *El Eco de Orense,* 26 de octubre de 1900.

El sanatorio continuó con su actividad durante varios años más, ampliando incluso su cartera de servicios (vacunación antirrábica) poco después de su apertura. Desconocemos la fecha exacta en que cierra este centro liderado por los doctores Porto y Rionegro en la calle Padre Feijóo de Ourense... pero debió ser en torno a principios de los años 20.

A continuación, aportamos una serie de datos sobre estos dos galenos ourensanos:

INSTITUTO ANTIRRÁBICO

INSTALADO EN EL

Sanatorio Quirúrgico de Orense

DIRIGIDO POR LOS MÉDICOS

D. LINO PORTO Y D. FRANCISCO J. RIONEGRO

En este Centro hay vacuna contra la Rabia, Viruela y Carbunclo.—Líquidos orgánicos para la Opoterapia y Sueros antitóxicos.

ILUSTRACIÓN 8
Anuncio del instituto,
El Miño, 13 de agosto de 1902.

ILUSTRACIÓN 9
El doctor Lino Porto en su despacho de la Gota de Leche (Circa 1912-1920).
imagen facilitada por su familiar el médico José Antonio Porto Rodríguez.

LINO PORTO PORTO (Santiago de Compostela - A Coruña, 1859 – Ourense, 1931). Tenemos pocos datos de su juventud. Sobre su carrera profesional en Ourense, al menos ya era médico interino en el Hospital Provincial de As Mercedes de Ourense en 1896. Apenas tres años más tarde, como ya se mencionó anteriormente, decidió inaugurar un gabinete quirúrgico junto con el doctor Rionegro. En 1899, con 42 años contrae matrimonio en segundas nupcias en Ourense (su primera esposa había fallecido un tiempo atrás por una enfermedad). Se casa en Ourense con Celsa Veiras. Tras un viaje a París en 1901, trajo consigo un aparato de rayos X, el primero de Ourense y el segundo de Galicia.
En 1907 se quedó manco debido a una gangrena y tuvo que usar desde ese momento un brazo ortopédico. Ello le imposibilitaba para la práctica quirúrgica, por lo que decidió volcar su vocación asistencial en la pediatría.
Fue uno de los mayores impulsores de la Gota de Leche de Ourense junto con el doctor José Eire Santalla. Esta institución de carácter gratuito tenía como objetivo reducir la elevada

mortalidad infantil de la época. Su labor se llevó a cabo entre los años 1912 y 1932. Tras su fallecimiento en 1931 (a los 72 años), su labor en La Gota de Leche fue continuada por su hija Teresa Porto hasta que, aproximadamente en 1932-1933, el Instituto Provincial de Higiene se hace cargo de la tarea (Simon y Rúa, 2019).

ILUSTRACIÓN 10
Doctor Francisco José Rionegro Díez.

Francisco José Rionegro Díez (Ourense, 1871-1932): Estudia la carrera de medicina en Santiago, obteniendo el título de médico en 1895. Era hijo del impresor y librero ourensano Gregorio Rionegro Lozano. Asimismo, fue secretario del Colegio Oficial de Médicos en varias de sus directivas. Pionero de otras iniciativas como el Sanatorio Quirúrgico que abre con Lino Porto en la calle Padre Feijóo en torno a 1899-1900. Hay que destacar todo su trabajo como médico municipal y el importante papel que tuvo junto con otros facultativos en la pandemia gripal de 1918-1919. Durante este tiempo se dedicó a la asistencia domiciliaria de los enfermos que habían contraído el virus, así como a la atención de pacientes en el Hospitalillo Municipal de Epidémicos. Tras el colapso sanitario que supuso esa oleada de enfermos, y estando el doctor Rionegro como jefe de los servicios municipales de Sanidad, se decidió construir un Pabellón Sanitario de Infecciosos, abierto en la zona del barrio de Mariñamanasa en 1929 y dotado de 30 camas (Simón, 2012).

Estos médicos fueron los pioneros en administrar el suero antirrábico en la provincia, aunque se desconoce la fecha exacta del inicio de esta labor y ya hay noticias en *El Miño* desde al menos enero de 1902. Dicho instituto antirrábico estuvo inicialmente instalado en el mismo local del sanatorio quirúrgico en la calle Padre Feijóo, número 12, en Ourense:

> Ayer se acordó por la Comisión provincial el ingreso en el Instituto Antirrábico de los señores Porto y Rionegro, de los enfermos María, Luis y Teresa Astorga Martínez, de Verín, los cuales fueron mordidos por un perro atacado de hidrofobia.
> *El Miño*, 12 de enero de 1902.

En 1903 la prensa sigue dando noticias relacionada con perros rabiosos que muerden a ciudadanos pero que ya son atendidos en la clínica de Porto y Rionegro. Así el periódico *La Correspondencia Gallega* relata el ataque de un perro rabioso en Cartelle a cinco personas, entre ellas, a una mujer embarazada y su posterior ingreso en la clínica de Porto y Rionegro para recibir tratamiento (*La Correspondencia Gallega*, diario de Pontevedra, año XV, número 4093, 19 de septiembre de 1903).

Muchas de las personas que necesitaban ser sometidas a tratamiento antirrábico eran niños:

> Para someterse al tratamiento de las vacunaciones, ha ingresado en el Instituto Antirrábico de esta capital, el niño de seis años, Miguel Bautista, de La Rúa, y ha sido dado de alta otro niño Manuel López, de siete años, ambos mordidos por perro hidrófobo.
> *El Correo de Galicia*, 3 de septiembre de 1903.

ILUSTRACIÓN 11
Anuncio Instituto antirrábico Rionegro y Porto, *El Eco de Orense*, 23 de octubre de 1903

Sanatorio Quirúrgico

FUNDADO EN ORENSE EL AÑO [illegible]

POR LOS MÉDICOS

D. Lino Porto y D. Francisco J. Rionegro

Se practican todas las operaciones de la moderna Cirugía, acogiendo aquellos procedimientos más expeditos y que dan los mayores éxitos en el m[illegible]r tiempo posible.

En todos los casos se opera ó no, según el criterio que se forme después de reconocido el enfermo.

En este establecimiento, y dirigido por los mismos profesores, se halla también instalado el

INSTITUTO ANTIRRÁBICO

Los éxitos de este Centro se acreditan con las notables estadísticas publicadas.

Todos los vacunados hasta hoy, se han salvado de tan terrible enfermedad

OPOTERAPIA

CONSULTA DE OCHO Á NUEVE DE LA MAÑANA.—Calle del Padre Feijóo, núm. 12

ILUSTRACIÓN 12
Anuncio del Sanatorio Quirúrgico y Centro de Vacunación Antirrábica, revista *Auria Bella* (Ourense), 1903.

ILUSTRACIÓN 13
Anuncio del Sanatorio Quirúrgico de los doctores Porto y Rionegro, *El Miño* (Ourense), 5 de junio de 1904.

El edificio en donde posiblemente estuvo situado el Sanatorio Quirúrgico de los doctores Porto y Rionegro, rúa Padre Feijóo, número 12, fue diseñado por el arquitecto Antonio Crespo y se inaugura en 1897. Es la actual sede de la Concejalía de Urbanismo del Ayuntamiento de Ourense.

En un anuncio en 1904 del sanatorio en el periódico *El Miño* (Ourense) se confirma el éxito rotundo de la administración del suero, con un 100% de supervivencia entre los tratados.

En 1908 trasladan el Instituto Antirrábico a la calle del Alba, número 14 (*El Miño,* 8 de abril de 1908), y allí va a estar en siguientes años. Así, a la altura del año 1911 estaba en la calle Espada (o calle del Alba) (según el Directorio de Galicia del año 1911) y el Sanatorio Quirúrgico estaba en la calle Progreso, número 48. En la calle del Alba parece ser también estuvo La Gota de Leche.

ILUSTRACIÓN 14 Edificio Rúa Padre Feijóo, número 12.

Pero desde estos centros también se realizaban vacunaciones contra la viruela, usando vacunaciones directas de ternera (Simón y Rúa, 2015). Así lo hacían en 1905 en el Consultorio Médico Quirúrgico, en la calle Progreso número 48, según noticia de prensa en el periódico *El Miño* (19 de abril de 1905).

> Con objeto de someterse al tratamiento antirrábico bajo la dirección de los señores médicos Porto y Rionegro, ingresaron en el Instituto antirrábico de la capital Benita Álvarez, de Bande, y Manuel González López, de Lugo, mordidos respectivamente por un perro y una vaca hidrófoba.
> *Aires da miña terra (Buenos Aires)*, 1909, 13 de junio de 1909, 57, p.10

A la altura de finales de 1913, llevaban 16 años aplicando la vacunación antirrábica por el procedimiento intensivo del doctor Ferrán y tenían en Ourense la representación del «Método Ferrán».

También comienzan a anunciar la fabricación y administración de diferentes tipos de sueros y vacunas como la vacuna antitífica y el suero antitífico. Esto lo hacen a través de anuncios publicitarios como el de Instituto Antirrábico y Sueroterápico, publicado en prensa local (*La Región,* 23 de diciembre de 1913).

Instituto Antirrábico y Sueroterápico

Directores Médicos: **Porto** y **Rionegro**

En este acreditado Instituto se vacuna hace 16 años contra la **Rabia** por el procedimiento intensivo del Doctor Ferrán, siendo únicos representantes de este sabio dichos señores.

Cuenta este Centro con toda clase de **productos** sueroterápicos, que pone á disposición de la clase Médica en condiciones muy aceptables, figurando entre ellos la

VACUNA ANTITÍFICA (PREVENTIVA) y el **SUERO ANTITÍFICO** (CURATIVO)

ILUSTRACIÓN 15 Anuncio del «Instituto Antirrábico y Sueroterápico. Directores médicos: Porto y Rionegro», *La Región,* 23 de diciembre de 1913.

Durante los siguientes años se continuaron recibiendo a enfermos de todas las provincias de Galicia e incluso algunos pacientes de León según el testimonio fehaciente de la prensa de la época.

Además, aunque desconocemos la fecha de inicio, se empezó a llevar un registro trimestral de los pacientes que vivían dentro del término municipal de Ourense y recibían el suero, para después enviarlo al ayuntamiento y éste pagase el coste de la atención recibida, que en el año 1918 ascendía a 50 pesetas por persona según hemos podido comprobar en documentación consultada en el Archivo Municipal de Ourense.

INSTITUTO ANTIRRÁBICO
DE
ORENSE

Trimestre de 1918

Relación detallada de los individuos que han sido vacunados durante el citado trimestre en este establecimiento, la cual se remite al Ayuntamiento de esta capital *para su aprobación y pago.*

Número de orden correlativo	Fecha de su ingreso		Fecha de la orden del Ayuntamiento		NOMBRES	IMPORTE	
	Mes	Día	Mes	Día		Pesetas	
			Julio		Josefa Labrador Dieguer	50	00
					Total	50	00
					Importa esta cuenta las figuradas cincuenta pesetas		

Orense 21 de Agosto de 1919.

Firmas:

Lino Porto

[signature]

ILUSTRACIÓN 16 Factura del Instituto Antirrábico de Ourense, 22 de marzo de 1920.

Desde este centro o instituto antirrábico siempre se insistía ante la opinión pública y las autoridades que era muy necesario un buen control y sacrificio de los perros infectados, así como acudir con la máxima celeridad de recibir la vacunación en el caso de haber sido mordidos por algún animal. Así lo refieren en la noticia publicada en *La Región* en octubre de 1919, en donde informan de la imposibilidad de tratamiento en un hombre que hacía más de quince días que había sido mordido por un perro rabioso. Esta recomendación acerca de la necesaria rapidez en la intervención se resaltaba en muchas de las noticias de prensa del resto de Galicia en esos años.

Lo habitual era que la hidrofobia se contagiase por mordedura de perros, pero podía ser también a través de otros animales domésticos (toro, vaca, burro, gato...) o salvajes (lobos...).

Así en 1912 hubieron de ser atendidas en Ourense varias personas (cinco) infectadas por las secreciones salivares de un toro afectado de rabia, el cual había sido mordido por un perro hidrófobo (*La Vanguardia,* 29 diciembre de 1912).

Y aún en fechas tan tardías como 1949 hay noticias en prensa de personas ourensanas contagiadas de rabia por mordeduras de lobo en Verín (*La Vanguardia,* 5 de abril de 1949).

El Instituto Antirrábico fue posteriormente ya gestionado sólo por el doctor Rionegro, tal vez desde la primavera de 1920, ya que desaparecen de las noticias de prensa las referencias al doctor Porto. Así, en 1924 ya estaba en una nueva sede en la calle Progreso 32, y regentado ya en solitario por doctor Rionegro.

> Un perro hidrófobo mordió en Parada de Amoeiro a Antonio C. y a otro vecino de aquel pueblo, los cuales están sometidos a curación en el Instituto Antirrábico del doctor Rionegro. Por lo visto el perro mordió a otros perros y si las autoridades no ponen mano en ello, Dios sabe lo que puede sobrevenir. En aquella comarca hay con tal motivo gran alarma. Llamamos la atención de lo que ocurre a fin de evitar posibles desgracias.
> *La Región,* 16 de junio de 1920.

En el anuncio de prensa en *El Diario de Orense*, con fecha de 4 de julio de 1925, indica que el Instituto Antirrábico es la «única sucursal en la provincia de Orense del sabio doctor Ferrán. Este acreditado centro fundado desde hace 26 años cuenta con numerosas estadísticas de mordidos y con tantos éxitos como tratamientos».

ILUSTRACIÓN 17 Anuncio del Instituto Antirrábico del doctor Rionegro. *El Diario de Orense*, 4 de julio de 1925.

Con la desaparición de los doctores Rionegro y Porto, ambos fallecidos a inicios de los años treinta, se cierra un importante capítulo de la Medicina y la Salud Pública ourensana, ya que estos galenos lideraron importantes innovaciones tecnológicas, sanitarias y de salud pública durante el primer tercio del siglo xx ourensano. Véase introducción de los Rayos X, innovaciones quirúrgicas, vacunales, Gota de Leche, Instituto Antirrábico... además de la importante labor a nivel de la sanidad municipal desarrollada principalmente por Rionegro (Simón y Rúa, 2015; Simón, 2021, 2024).

Otros consultorios y centros con vacunación antirrábica en Ourense: consulta de Julio García Pérez (1922)

Poco a poco otros gabinetes de consultas se fueron incorporando la vacunación antirrábica en su oferta terapéutica, la cual se anunciaba en prensa, a veces detallando el método usado. Así por ejemplo es el caso del anuncio del Gabinete Médico-Quirúrgico del doctor Julio García Pérez, quien además de la cirugía general y los rayos X, incluye la vacunación antirrábica en su anuncio en el periódico local *La Región* (12 de julio de 1922) o en *La Zarpa* (23 de julio de 1922). Indicaba en su anuncio que era una «vacunación antirrábica por el método de Hogyes, modificado, el más moderno y el de mejores garantías».

El doctor Julio García Pérez (Ourense, 1896-1965) estudió la carrera en Madrid, y se colegió en Ourense desde 1919. Era hijo del famoso dentista ourensano Julio García del Villar. Llegó a ser uno de los cirujanos del Hospital Provincial de As Lagoas, en donde tenía consulta de Garganta-Nariz-Oídos en 1931. Fue cirujano de gran prestigio profesional en la ciudad y provincia (Simón, 2012).

CONSULTORIO MÉDICO QUIRÚRGICO

JULIO GARCIA PEREZ

Ex Alumno Interno del Hospital General de Madrid

Enfermedades de los huesos.—Cirugía general

Rayos X

Vacunación antirrábica por el procedimiento de Hogyes, modificado, el más moderno y el de mayores garantías.

Consulta de diez a doce y de cuatro a seis

PEREIRA, 3, 2.° Teléfono 82

ILUSTRACIÓN 18

Anuncio de vacunación antirrábica en el consultorio Médico-Quirúrgico de Julio García Pérez (Ourense). *La Región*, 12 de julio de 1922.

VIII.
El Laboratorio Químico-Micrográfico Municipal de Ourense, y la vacunación antirrábica (1910-1936)

David Simón Lorda
Ana Rúa Gómez

El Laboratorio Químico-Micrográfico Municipal de Ourense, y la vacunación antirrábica (1910-1930).

En el caso de la ciudad de Ourense, la beneficencia y la sanidad municipal se reorganizaron y modernizaron en torno al período 1900-1920 a través de la apertura del laboratorio municipal, las campañas de vacunación y la consolidación de los médicos municipales. Desde ahí se articularon además aspectos de la infraestructura de salud pública: control alimentario, epidemias, control de mataderos y aguas, colaboración en las campañas de vacunación y con los médicos municipales y veterinarios. Las figuras sanitarias (científica y asistenciales) más importantes fueron el director del laboratorio, el farmacéutico José Fernández, los médicos municipales, fundamentalmente el doctor Rionegro (Simón y Rúa, 2007; Simón, 2024), pero también hay que destacar la figura del veterinario Javier Prado *Lameiro* (Conde et al, 2006).

Respecto al Laboratorio Químico-Micrográfico Municipal, posteriormente denominado Laboratorio Municipal, inició su actividad en 1910 bajo la dirección del farmacéutico José Fernández Martínez (Larouco (Ourense), 1875- Ourense, 1944). Hasta 1930 lideró la iniciativa sanitaria en el campo de la bacteriología, la bioquímica sanitaria y la bromatología en la ciudad. El laboratorio municipal le pasó el testigo a los laboratorios del Instituto Provincial de Sanidad en los años 30 bajo la dirección de José Luis García Boente, del que hablaremos más adelante.

ILUSTRACIÓN 19
Sello del laboratorio municipal de Ourense (1919) (AMOU) y retrato de José Fernández Martínez pocos años antes de su fallecimiento en 1944 (archivo familiar de doctor Bernardino Alonso Fernández, nieto de José Fernández).

El farmacéutico José Fernández fue la figura clave y el alma del laboratorio municipal durante el tiempo de su funcionamiento. Ocupó también otros cargos como el de farmacéutico del hospital provincial, subdirector del Instituto Provincial de Higiene y delegado de Farmacia en la provincia de Ourense, y secretario del Colegio de Farmacéuticos de Ourense. Publicó numerosos estudios en el campo de la enología, entre ellos *Prácticas vinícolas,* editado en Ourense en 1913 y *Manual práctico de vinicultura* impreso en 1926 (Simón 2009, 2012, 2024; Simón y Rúa, 2007).

La labor desarrollada en el laboratorio municipal fue recogida por Fernández en diferentes memorias anuales. Realizaban análisis de aguas, análisis de alimentos y bebidas. Otras actividades del laboratorio eran la vacunación y revacunación tifo-paratífica, viruela, antirrábica, así como el servicio de desinfección (Simón y Rúa, 2007).

En la memoria-resumen de la actividad del primer año de funcionamiento del laboratorio, ya se solicitaba al ayuntamiento la puesta en marcha de un programa de vacunación antirrábica, tomando como modelo el de Bilbao o Valladolid. Se insistía en su escaso coste, apenas 30 pesetas para la preparación antirrábica, en relación con el beneficio colectivo que supondría, en especial para las personas con menos recursos.

La llegada del año 1922 trajo consigo la fundación del servicio de vacunación antirrábico englobado dentro del Laboratorio Municipal de Ourense. Esta prestación era de carácter gratuito para todas aquellas personas incluidas en la lista de beneficencia municipal, aunque en alguna ocasión se financió también el importe de algún otro paciente en favor del bien común. Por aquel entonces, el laboratorio solo se encargaba de la administración de la vacuna, no de su producción, y el farmacéutico José Fernández solicitaba en la memoria resumen de 1924 los materiales necesarios para poder fabricarla in situ y así no depender de terceros. Asimismo, volvía a recomendar la vacunación de todos los perros inscritos en el registro municipal. En la sucesiva memoria el farmacéutico insistió en la garantía de disponibilidad que supondría la producción de la vacuna en el Laboratorio y además incidió en la urgente necesidad de adquirir nueva maquinaria de desinfección para ampliar dicho servicio y así poder cumplir con el nuevo reglamento de Sanidad Municipal, como ya había comentado por carta al alcalde en otras ocasiones.

El Instituto Provincial de Higiene y la lucha antirrábica (1920-1936)

En 1920 se publicó un nuevo reglamento interno del Cuerpo de la Inspección Provincial de Sanidad en el que, además de aumentar el número de plazas de inspectores, se concretaba más la labor a realizar por los mismos. Su función principal era «procurar conocer en todo momento y del modo más completo posible, el estado sanitario de la provincia, tanto en lo que respecta a deficiencias higiénicas que puedan influir en la salud pública, muy especialmente en lo que se refiera a la existencia de enfermedades infecciosas». Estaban continuamente analizando las epidemias de su población de referencia, así como la influencia del ambiente en su desarrollo y su morbimortalidad (Simón, 2012).

En noviembre de 1920, el nuevo inspector provincial de sanidad en Ourense, doctor José Luis García Boente, proponía en prensa que se crease un instituto y laboratorio provincial de higiene (*La Región,* 11 de noviembre de 1920). En dicho centro, realizarían una acción conjunta con el laboratorio municipal de Ourense reforzado presupuestariamente con la ayuda que prestasen otros municipios de la provincia. En ese instituto y laboratorio provincial de higiene se realizaría o abordaría la creación y apertura de un Instituto Antirrábico.

El rango de acción de los inspectores provinciales de higiene se vio reforzado a partir de 1921 con la creación de la Brigada Sanitaria Central en Madrid y sus homólogas en las capitales de provincia (Real Orden de 28 de julio de 1921) (Perdiguero et al, 1994). Estas organizaciones de cooperación intermunicipal tenían como objetivo desplazarse a los diferentes núcleos de población para realizar actuaciones para evitar la transmisión de las enfermedades infecciosas como vacunaciones. En Ourense se crea una de estas brigadas desde 1921.

En el registro de la actividad de la Brigada Sanitaria de Ourense de 1921-1927 se puede observar la intensa labor efectuada en sus primeros años de funcionamiento, inoculando nada menos que a 486 personas con el suero antirrábico en 16 salidas además del envío de 5710 dosis a los diferentes pueblos de la provincia (hay documentación sobre ello en el Archivo Municipal de Ourense, Cajas de Beneficencia y Sanidad, 1804-1937). Todas estas actuaciones supusieron un gran beneficio para la sociedad ourensana de la época. Cabe recordar que la Galicia de principios del siglo XX era predominantemente rural, con una población muy dispersa y en general con un bajo poder adquisitivo, por lo que cualquier atención sanitaria pasaba por un alto coste de desplazamientos que no estaba al alcance de todos (Simón, 2012).

El *Reglamento de Sanidad Provincial* (1925) fusionaba las brigadas sanitarias (creadas por la R.O. de 28 de julio de 1921) y los laboratorios e institutos de higiene provinciales (sostenidos y organizados por las mancomunidades municipales), en los institutos de higiene, dependientes directamente de las diputaciones provinciales (Navarro, 1993). Cada instituto debía de contar con tres secciones de carácter técnico aglutinadoras de todas las actividades realizadas: epidemiología y desinfección, análisis -clínicos, higiénicos y químicos-, y vacunaciones. Asimismo, debían de publicar una hoja mensual con todas las actividades y datos pertinentes. Durante los años de la Segunda República, en 1931 y 1934 hubo varias reformas (Perdiguero et al, 1994).

En Ourense el Instituto Provincial de Higiene constaba con una sección de Vacunación, y aplicaban en 1926 la vacunación antirrábica, tal y como se puede ver en algunas noticias de la prensa:

> Mordidos por un perro hidrófobo: En el pueblo de Souto de Loña Nogueira de Ramuín, un perro hidrófobo mordió a los vecinos Ramona P., de treinta años; José

R.R. de catorce; Manuel G. de diez, y José G. de doce, los cuales se hallan en esta ciudad al objeto de que sean sometidos al tratamiento antirrábico en la Sección de Vacunación del Instituto Provincial de Higiene. Con éstos son catorce los que por idéntica causa se hallan en tratamiento en el referido Centro benéfico.
La Región, 20 de mayo de 1926.

Es difícil seguirle la pista a las vicisitudes y actividad del Instituto Provincial de Higiene de Ourense en esos primeros años y hasta el periodo de posguerra pues no queda documentación de archivo accesible o disponible de dicha Institución pese a los intentos que hemos realizado para así completar este trabajo investigador con fuentes primarias.

De otros institutos como el de A Coruña, sí que se conservan algunos boletines de 1930-1931 y en donde presentan estadísticas de la actividad, entre ellas de la vacunación antirrábica que en 1929 se llevaba a cabo en la sección de Sueros y Vacunas (Boletín del *Instituto provincial de Higiene de La Coruña*, Año IV, número 22, 01/05/1930).

Sí que indirectamente podemos rastrear algunas de las actividades de este en lo relativo a la vacunación antirrábica. Así, por ejemplo, las reiteradas peticiones desde el laboratorio municipal en relacion con la dotación adecuada para la lucha antirrábica, no fueron atendidas durante años hasta el punto en que el 20 de septiembre de 1928, el Gobierno Civil de la Provincia de Ourense, a través de la Inspección Provincial de Sanidad, abrió un expediente al ayuntamiento por haber encontrado un perro rabioso muerto en la plaza del Corregidor el día 5 de ese mes (Archivo Municipal de Ourense. Carpetas Beneficencia Sanidad, 1928). Este suceso ponía de manifiesto la ausencia de capacidades del servicio de profilaxis antirrábica para poder realizar debidamente su cometido. Por ello, toda la labor del laboratorio municipal relacionada con la hidrofobia quedaba desviada al Instituto de Higiene Provincial con efecto inmediato. Además, amenazaban con sancionar a la alcaldía por incumplir la *Circular de la Dirección de*

Agricultura y Montes del 16 de julio de ese año. Esta denuncia de las carencias del laboratorio tuvo una rápida respuesta del alcalde, que escribió al director de dicha institución apenas unos días más tarde para que le indicase las deficiencias del servicio antirrábico para ponerles solución con celeridad.

En 1930 el Instituto de Higiene Provincial absorbió al Laboratorio Municipal. Esta institución ya existía desde el año 1921 y dependía de la Dirección General de Sanidad (Ministerio de Gobernación). Su sede estuvo situada en el antiguo Convento de Santo Domingo (calle Santo Domingo), y tal vez en otra sede posterior... y se trasladará a la Avenida de Zamora a partir de 1933.

En 1933 se inaugura la nueva sede del Instituto Provincial de Higiene en Ourense. Su misión consistía en la realización de análisis de aguas y bromatológicos, así como análisis clínicos y también vacunaciones antirrábicas, antitíficas y antivariólicas con sueros que se fabricaban en el propio centro. Para ello, el Instituto estaba dividido en las siguientes secciones: Epidemiología, Análisis Higiénico-Sanitarios, Servicio de Tuberculosos, Higiene Materno-Infantil, Dermatología e Higiene Social. Todas ellas trabajaban coordinadas con el objetivo de aplicar de manera gratuita las novedades técnicas y terapéuticas en materia de salud pública y medicina preventiva. Asimismo, se llevaron a cabo actividades orientadas al público general para educar en materia de prevención de la transmisión de enfermedades infecciosas.

Desde su creación, estaba dirigido por el doctor José Luis García Boente (Ribadavia, 1891–1957), inspector provincial de Sanidad en Ourense desde 1920, y una de las figuras clave de salud pública de Ourense en ese período y también en la posguerra. En 1922, este médico abre una clínica de la Plaza del Corregidor preparaba diferentes vacunas y autovacunas (*La Región*, 18-7-1922)

Este médico ourensano, acudió a completar su formación en el Instituto Pasteur de París y estuvo pensionado por la Fundación Rockefeller para ampliar estudios en Polonia y Yugoslavia. Ocupó los cargos de secretario del Patronato Nacional Antituberculoso

ILUSTRACIÓN 21
Doctor José Luis García Boente, inspector provincial de Sanidad de Ourense.

ILUSTRACIÓN 20
Instituto Provincial de Ourense, situado en la avenida de Zamora. *El Pueblo Gallego*, junio de 1933.

durante la Guerra Civil, director del Hospital Provincial (octubre de 1923-septiembre de 1924) y jefe provincial de Sanidad de Ourense. Fue el principal artífice de la apertura del Instituto Secundario de Higiene de Ribadavia (Simón, 2012), y posiblemente tuvo influencia en la apertura del Sanatorio Antituberculoso de Piñor en 1949, perteneciente al Patronato Nacional Antituberculoso (PNA).

IX.
Algunos apuntes sobre otros institutos de vacunación en el resto de Galicia (finales del XIX y primeros años del XX)

David Simón Lorda
Ana Rúa Gómez

A continuación, ofrecemos una breve descripción de algunos centros e institutos de vacunación que, a través de las fuentes hemerográficas y bibliográficas que hemos consultado, hemos detectado que estuvieron funcionando en el resto de Galicia en esos años.

El acceso a la vacuna antirrábica en Galicia se fue generalizando durante el primer tercio del siglo xx gracias a la apertura de numerosos gabinetes por todo el territorio (Franco, 2014). Algunos ejemplos son:

Instituto Microbiológico y de Vacunación de Ángel Pedreira Labadie en Santiago. Abre en 1892 y ofertará vacunación. Estaba situado en una gran finca en la rúa do Hórreo, donde disponían de todo tipo de animales de experimentación, así como de ganado vacuno y equino para la obtención de sueros. Este centro, según un artículo aparecido en *La Propaganda Científica,* a fines de siglo xix, contaba con buena dotación instrumental, para análisis microbiológicos y de fluidos biológicos. También ofertaba pruebas para el diagnóstico precoz de la tuberculosis, y vacunaciones contra la viruela, rabia y difteria. En 1900 Pedreira le ofrece a la universidad su instituto para que funcione como Centro auxiliar en la enseñanza de Medicina. A principios de 1901 el ministro de Instrucción Pública y Bellas Artes reconoce al Instituto Microbiológico y de Vacunación como un centro auxiliar para la enseñanza médica en la Universidad de Santiago (Sisto 2012; Franco, 2014; Simón y Rúa 2015).

José Deulofeu y Poch (Figueres, 1879-Barcelona, 1957). Formado en farmacia y ciencias físicoquímicas en Barcelona. En 1921 publica en Santiago una pequeña monografía *Investigaciones acerca de la vacunación antirrábica* (J. Deuloféu y Poch, *El Eco de Santiago*, 1921). En 1902 obtuvo por oposición la plaza de catedrático de Química Inorgánica en la Facultad de Farmacia de la Universidad de Santiago de Compostela. Apenas tres años más tarde le fue otorgada una subvención del gobierno para continuar sus estudios en microbiología, histología y microfotografía en París de la mano del doctor Paul Latteux. También trabajó en el servicio antirrábico del Instituto Pasteur bajo la dirección de los investigadores Dujardin-Beaumetz y Jules Viala durante el verano de 1906. A su vuelta a España publicó una memoria de sus experiencias en París, criticando lo obsoletos que estaban los laboratorios en España y la falta de formación más práctica en la enseñanza de las ciencias. En 1911 montó su primer laboratorio situado en la calle del Villar en el que, además de realizar diversos análisis químicos y bacteriológicos, llegó a desarrollar su propia tecnología para producir la vacuna antirrábica sin ningún tipo de apoyo oficial y contando solo con sus propios recursos. A pesar de haberse formado en el método antirrábico de Pasteur, decidió adoptar el método Högyes, que atenuaba el virus por diluciones sucesivas. Este sistema permitía un mejor control de la concentración del virus en el suero y llevaba empleándose en el Instituto Nacional de Higiene Alfonso XII desde 1910. Sus estudios se centraron en la búsqueda de un procedimiento que permitiese calcular con más precisión la concentración de virus, empleando la escala de concentraciones a la cantidad total y no al título de emulsiones empleadas, y en comprobar que las vacunas una vez envasadas en viales todavía conservaban sus propiedades inmunológicas. Esto último era de suma importancia ya que permitiría la administración del suero en cualquier localidad, sin necesidad de trasladar al enfermo a los institutos antirrábicos como era la norma hasta aquel momento. En 1921 publica en Santiago una pequeña monografía «Investigaciones acerca de la vacunación antirrábica» (J. Deulofeu y Poch, *El Eco de Santiago*, 1921). Ya de vuelta en Barcelona, publicó en 1925 los resultados de su investigación bajo el título de Investigaciones acerca de la vacuna antirrábica (Diaz-Fierros, 2014).

Instituto de Biología Médica (Santiago), de Juan Varela Gil (1887-1969) (Sisto, 212; Ponte, 2021). Estableció un Instituto de Biología Médica en Santiago, situado en un principio en la calle Senra y posteriormente en calle del Franco. En este centro se realizaban todo tipo de análisis de fluidos biológicos e investigaciones diagnósticas, así como la preparación de vacunas. Estaba dividido en cinco secciones: bacteriología y serología, vacunación, histopatología, rabia y, por último, microscopia y química clínica. Además, desde 1920 era el único centro en Galicia autorizado para distribuir la vacuna antituberculosa a base del bacilo de Calmette-Guerin del Instituto Pasteur.

Instituto Antirrábico y el Sanatorio e Instituto Médico Quirúrgico de Santa Teresa (Campolongo-Pontevedra), dirigido por el doctor López de Castro (Bará, 2020: *La Correspondencia Gallega: diario de Pontevedra:* ano XIII, n.º 3399, 16 mayo 1901).

Consultorio médico, quirúrgico y antirrábico, Hermanos Roca, en Lugo en los años 20 (*La Provincia, Lugo,* 24 de junio de 1923).

Laboratorio de Luciano Sánchez Guisande en la calle del Hórreo en Santiago en 1922.

Instituto Antirrábico Provincial de la Zona Sur «Sáez Mon», calle Colón en Vigo, dirigido por el doctor Ángel Lorenzo Méndez.

Laboratorio «Cajal», Vigo, en los años 30.

Centro de vacunación antivariólica de Lugo, en de la calle San Marcos, que se inicia en torno a 1897 (Simón y Rúa, 2015), también funcionó tempranamente como centro de vacunación antirrábica (Franco, 2014).

X.
Epílogo

David Simón Lorda
Ana Rúa Gómez

A lo largo del trabajo que acabamos de exponer, y desde una perspectiva local, hemos estudiado en su conjunto la introducción de la vacunación antirrábica en Ourense y en Galicia tras su descubrimiento por Pasteur en 1885. Se aportan datos novedosos acerca de la implantación y la difusión de la vacuna antirrábica y la lucha contra la rabia/hidrofobia en Ourense y en Galicia en el siglo XIX y primeros años del XX.

Fueron unas décadas en que la higiene pública se vio transformada por la floreciente institucionalización de la microbiología y la medicina de laboratorio, convirtiéndose la bacteriología en el nuevo fundamento científico de la higiene pública y sentándose las bases de la epidemiología contemporánea (Navarro, 1993; Báguena, 1998).

Por los datos encontrados en la revisión, parece poder afirmarse que en torno a principios de 1902 ya se administraba la vacuna antirrábica en Ourense en el Instituto Antirrábico de los doctores Rionegro y Porto, evitándose el traslado/desplazamiento de enfermos afectados por hidrofobia al Instituto Cobián en Pontevedra o al Instituto Ferrán en Barcelona y/o a París al Instituto Pasteur para ser atendidos.

Desde 1910, la apertura del Laboratorio Municipal de Ourense supondrá un refuerzo en las campañas vacunales de todo tipo, incluida la antirrábica. Dicha labor preventiva se verá de nuevo potenciada por el Instituto Provincial de Higiene que comienza a funcionar en torno a mediados de los años 20. Asimismo, a lo largo de ese período otros establecimientos y gabinetes privados van ofertando tratamientos antirrábicos desde el inicio de la década de 1920.

Aunque nos falta por encontrar y analizar más material de archivos que puedan aportar datos estadísticos de las vacunaciones, sobre confiamos en haber aportado resultados que desde una perspectiva local y regional contribuyan a obtener esa visión de conjunto acerca de la implantación e inicios de la vacunación antirrábica en Galicia que pensamos aún está por estudiar en su conjunto.

El gran salto en relación con la rabia desde Pasteur hasta hoy no ha sido más en términos de innovaciones terapéuticas, pero si en la situación epidemiológica de la enfermedad. Está probado que el control del ciclo (urbano) de la rabia no es más un problema científico, ni técnico, más sí una decisión política de hacerlo (Schneider, 1994).

En muchos países del mundo la rabia sigue siendo un serio problema de salud pública, causando muchas muertes que pudieran ser evitadas. Para ello es necesario seguir fomentando la colaboración entre las diferentes instituciones locales, regionales y nacionales adoptando un enfoque *One Health* de la Organización Mundial de la Salud (OMS).

Esta iniciativa de la OMS (OMS, 2023) promueve la consideración de la salud como el conjunto de tres factores principales (salud, medio ambiente y fauna) interrelacionados entre sí (Soto, 2024). En los últimos años están detectándose numerosos nuevos patógenos humanos y más del 75% proceden del mundo animal. Circunstancias como la deforestación, el cambio climático o la extensión del territorio urbanizado son algunos de los factores que propician la transmisión de enfermedades de origen zoonótico. Solo con una visión integral del mundo se podrá conseguir que los cambios en las relaciones entre el medioambiente, la sociedad y la fauna no supongan un impacto negativo en la salud de las personas. Esperemos que el virus de la rabia algún día pueda ser erradicado y nunca vuelva a azotar a la humanidad.

XI.
Fuentes y bibliografía

David Simón Lorda
Ana Rúa Gómez

Materiales de prensa

1. *El Heraldo Gallego,* 10 de agosto 1879.

2. *La Ilustración Gallega y Asturiana,* 28 de agosto de 1880.

3. *Álbum Literario. Revista semanal de Literatura, Ciencias y Artes,* Ourense, 1888-1889, n.º 22, n.º 53, n.º 57, n.º 59.

4. *Galicia Moderna,* Orense, 21 de octubre de 1888.

5. *Faro de Vigo,* 19 de septiembre de 1903.

6. *La Correspondencia Gallega: diario de Pontevedra,* 23 de mayo de 1897; 16 de mayo de 1901; 19 de septiembre de 1903.

7. *El Eco de Orense,* 26 de octubre de 1900; 23 de octubre de 1903.

8. *El Miño* (Ourense), 12 de enero de 1902; 3 de septiembre de 1902; 10 de marzo de 1903; 5 de junio de 1904; 8 de abril de 1908; 19 de abril de 1905; 2 de septiembre de 1910.

9. *El Pueblo Gallego,* 15 de junio de 1933; 29 de junio de 1939.

10. *La Región,* 4 de mayo de 1910; 23 de diciembre de 1913; 22 de agosto de 1915; 25 de octubre de 1919; 11 de noviembre de 1920; 12 de Junio de 1920; 12 de julio de 1922; 18 de julio de 1922; 20 mayo 1926; 1 de mayo de 1960.

11. *Gaceta de Galicia:* 15 de julio de 1903; 13 de enero de 1905.

12. *Boletín del Colegio Médico de Pontevedra,* junio de 1936.

13. *El Diario de Orense,* 4 de julio de 1925.

14. *Auria Bella,* 1903.

15. *El Diario de Pontevedra,* 19 de julio de 1901; 23 de julio de 1901; 6 de septiembre de 1902.

16. *Boletín de la Provincia de Orense,* n.º 271, del 28 de mayo de 1885; 1904.

17. *La Zarpa,* 23 de julio de 1922.

18. *Directorio de Galicia,* año 1911.

19. *La Vanguardia*, 29 diciembre de 1912; 5 de abril de 1949.

20. *El Eco de Galicia: revista semanal de ciencias, arte y literatura*, época 2ª, ano XXV, n.º 921, 31 de marzo de 1900.

21. *El Regional*, Lugo, 25 de julio de 1886; 8 de agosto de 1886; 10 de agosto de 1886; 11 de agosto de 1886.

22. *El Correo gallego: diario político de la mañana:* ano IX, n.º 2331; 13 agosto 1886.

23. *El Correo de Galicia*, 3 de septiembre de 1903; 11 de septiembre de 1909; 8 de octubre de 1909.

24. *Aires da miña terra* (Buenos Aires), 1909, 13 de junio de 1909, 57, p.10.

25. *Boletín del Instituto Provincial de Higiene de La Coruña: publicación mensual:* ano IV, n.º 22; 1 de mayo de 1930 y n.º 29; 1 de diciembre de 1930.

26. *El Practicante Compostelano*, ano II, n.º 5; diciembre de 1935.

Fuentes de Datos

1. Hemeroteca digital de la Biblioteca de Galicia.
https://biblioteca.galiciana.gal/gl/publicaciones/listar_cabeceras.do

2. Archivo Histórico Provincial de Ourense (AHPOU).
El Eco de Orense.
El Miño (Ourense).
Boletines oficiales de la provincia de Orense.

3. Archivo Municipal de Ourense (AMOU).
Carpetas de Sanidad Municipal, 1886-1946.
Cajas 46 y 48. Fondo Beneficencia y Sanidad Municipal
Cajas de Beneficencia y Sanidad, 1804-1937.
Boletín Oficial de la Provincia de Orense, 271, de 28 de mayo de 1885.Circular de Sanidad 271/1885, de 28 de mayo de 1885, Instrucción preventiva de la hidrofobia.

4. Archivo Histórico Provincial de Pontevedra (AHPPO)
   Caja 2136. Instituto Antirrábico. Legajo 1911, Legajo 1912.

5. Biblioteca de la Diputación de Ourense.
   Álbum Literario: *Revista Semanal de Literatura, Ciencias y Artes.*
   El Eco de Orense.
   El Miño.

6. Arquivo de Galicia (Santiago de Compostela).
   https://arquivo.galiciana.gal/arpadweb/es/inicio/inicio.do
   Archivo Clínico Hospital Psiquiátrico de Conxo.

7. Archivo particular doctor Bernardino Alonso Fernández

8. Archivo particular doctor José Antonio Porto Rodríguez

Bibliografía

ARENAS CASAS, A.; HERNÁNDEZ RODRÍGUEZ, S.: *La vacunación antirrábica: una historia inacabada,* Córdoba: Altilis, 2017.

BÁGUENA CERVELLERA, MJ: «La prevención de la rabia y la sanidad municipal en Valencia», *Cronos,* 1998, 1, pp. 135-142.

BAER, G. M.: «The History of Rabies», en A. C. Jackson & W. H. Wunner (Eds.), *The Natural History of Rabies,* 2nd ed., London: Academic Press, 2007, p. 1–22.

BARÁ, M.: «La medicina avanzada de Ángel Cobián Areal», *El Diario de Pontevedra,* 2 de febrero de 2020, *https://www.diariodepontevedra.es/blog/milagros-bara/medicina-avanzada-angel-cobian-areal/202002022125521071673.html*

—— «Celestino López de Castro, una vida dedicada a la salud», *Diario de Pontevedra,* 26 de abril de 2020. *https://www.diariodepontevedra.es/blog/milagros-bara/celestino-lopez-castro-vida-dedicada-salud/202004262026171083691.html#*

CALVO LÓPEZ, M.: «A xuventude de Jesús Rodríguez López», *La Voz de Galicia,* ed. Lugo, 2 de abril de 2017.

Conde Gómez, D.; Ordás Miguélez, M.; Etxaniz Makazaga, J.M.; Etxaniz Bujanda, O: «La figura de Xabier Prado Rodríguez *Lameiro* (1874-1942)», en Fernández Álvarez, J.G.; Martínez Rodríguez J.M.; Rojo Vázquez, F.A. (Coord.), *Proceedings of the XXXVII International Congress of the World Association for the History of Veterinary Medicine & XII Spanish National Congress on the Veterinary History: September 21-24, 2006*, León: MIC, 2006, pp. 137-141.

De Abel Vilela, A.: «Jesús Rodríguez López», en *Real Academia de la Historia, Diccionario Biográfico electrónico* (en red, *https://dbe.rah.es/biografias/34851/jesus-rodriguez-lopez*).

Del Río-Hortega Bereciartu, J.: «Pío del Río-Hortega: The Revolution of Glia», *Anat Rec (Hoboken)*, 2020 May;303(5), pp. 1232-1241.

Díaz-Fierros Viqueira, F.: «José Deulofeu y Poch», *Álbum de Galicia (Consello da Cultura Galega)*, 06/06/2014, *https://consellodacultura.gal/album-de-galicia/detalle.php?persoa=22253*

Díaz-Rubio García, M. (s.d.). «Leopoldo López García», en *Real Academia de la Historia, Diccionario Biográfico electrónico* (en red, *https://dbe.rah.es/biografias/18180/leopoldo-lopez-garcia*).

Etxaniz Makazaga, J.M.: «Louis Pasteur, los veterinarios y la rabia», en *Amigos de la Historia Veterinaria, https://historiadelaveterinaria.es/wp-content/uploads/2023/03/2023-3-2-Texto.-Louis-Pasteur-los-veterinarios-y-la-rabia.pdf*

Fortes Alén, M.J.: «Don Ángel Cobián Areal y el Instituto Antirrábico a través de la documentación del Museo de Pontevedra», *El Museo de Pontevedra*, 1992, XLVI, pp. 555-569.

Fraga Vázquez, X.A.: «Influencia de la investigación biomédica francesa en el siglo xix. La recepción de la obra de Claude Bernard y de Louis Pasteur en Galicia», en Fraga Vázquez, X.A. (coord.), *Ciencias, educación e historia: actas do V Simposio de Historia e Ensino das Ciencias: Vigo, setembro 1995*, A Coruña: Ediciós do Castro, 1997, pp. 565-576.

—— «Ángel Cobián Areal», *Álbum da Ciencia*, 2012, *http://www.culturagalega.org/albumdaciencia/detalle.php?id=278*]

—— «Maximino Teijeiro». *Álbum de Galicia*, 2012, *https://doi.org/10.17075/adg.2012.22334*

—— «Os Barbeito, unha saga familiar aínda pouco coñecida de médicos coruñeses», *La Opinión*, 15 de marzo de 2015, *https://www.laopinioncoruna.es/coruna/2015/03/15/barbeito-unha-saga-familiar-ainda-24654371.html*.

—— «Gerardo Jeremías Devesa», *Álbum de Galicia* (*Consello da Cultura Galega*), 26/12/2016, *https://consellodacultura.gal/album-de-galicia/detalle.php?persoa=22288*

Franco Grande, A.: L*a medicina compostelana* (*1847- 1950*). *Retazos históricos. Una aproximación a la cirugía gallega* (1847-1950), Santiago de Compostela: Andavira Editora, 2014.

García Rivera, M. P.: «El doctor Jaume Ferrán i Clúa. Breu esbóç bibliogràfic», *Butlletí Del Centre d'Estudis de La Terra Alta*, 2002, pp. 2-5.

Gelfand, T.: «11 January 1887, the Day Medicine Changed: Joseph Grancher's Defense of Pasteur's Treatment for Rabies», *Bulletin of the History of Medicine*, 2002, 76(4), pp. 698-718. *https://dx.doi.org/10.1353/bhm.2002.0176*.

Guntín, M.: «María Suárez, veterinaria del Hospital Rof Codina de Lugo: En Galicia, la vacuna de la rabia no llega ni al 10 % de los animales», *La Voz de Galicia*, 14 de abril de 2023.

Institut Pasteur: «The history of the first rabies vaccination in 1885», *https://www.pasteur.fr/en/research-journal/news/history-first-rabies-vaccination-1885*

Jackson, A. C.: «History of Rabies Research». In *Rabies: Scientific Basis of the Disease and Its Management,* (Third Edition), London: Academic Press, 2013, pp. 1–15.

Jeremías Devesa, G. F.: *Estudio de Mr. Pasteur sobre la rabia. Extracto de una conferencia dada por el catedrático de esta escuela doctor D....; y publicado por el doctor don Francisco Piñeiro Pérez y don Manuel Otero Acevedo,* Santiago: Imprenta Alende, 1887.

Leira Abella, M. C.; Saura Leira, M. T.: «Situación de la rabia en Galicia entre 1880-1900», *Cadernos de Atención Primaria,* 2015, 21, pp. 69–75.

Mateo, L.M.: «¿Por qué no es obligatorio vacunar contra la rabia a los perros en Galicia?», *El Español,* 21 de octubre de 2024, *https://www.elespanol.com/quincemil/vivir/mascotas/20241021/no-obligatorio-vacunar-rabia-perros-galicia/894411065_0.html* .

Ministerio de Sanidad y Ministerio de Agricultura, Pesca y Alimentación de España (noviembre de 2023): *Plan de contingencia para el control de la rabia terrestre en animales en cautividad y silvestres en España,* 2023, Madrid: Ministerio de Agricultura, Pesca y Alimentación de España, 2023. *https://www.sanidad.gob.es/areas/alertasEmergenciasSanitarias/preparacionRespuesta/docs/Plan_contingencia_Rabia_2023.pdf* .

Navarro Pérez, J.: «La institucionalización de la higiene pública moderna en Valencia», en Navarro Brotóns, V. (coord.), *Actes II Trobades d'História_de la Ciencia i de la Técnica,* Barcelona, Institut d'Estudis Catalans, Societat Catalana d'Història de la Ciència i de la Tècnica, 1993, pp. 141-150.

Organización Mundial de la Salud: *Rabia,* Organización Mundial de la Salud, 2023, *https://www.who.int/es/news-room/fact-sheets/detail/rabies*

—— *Una sola salud,* Organización Mundial de la Salud, 2023, *https://www.who.int/es/news-room/fact-sheets/detail/one-health.*

Pasteur, L.: «Note sur la maladie nouvelle provoquée par la salive d'un enfant mort de la rage», *Recueil de Médecine Vétérinaire,* 1881, 58, pp. 120–129.

Pérez Hervada, E.: *Curanderismo en Galicia,* Lugo: Alvarellos, 1984.

Perdiguero Gil, E. [et. al.]: «La salud pública en el marco de la administración periférica: el Instituto Provincial de Higiene de Alicante (1924-1936)», *Dynamis. Acta Hispanica ad Medicinae Scientiarumque Historiam Illustrandam,* 1994, Vol. 14, pp. 43-75.

Ponte Hernando, F.: «Un científico discreto: don Juan Varela Gil (1887-1969)», *El Correo Gallego,*10 de agosto 2021, *https://www.elcorreogallego.es/opinion/firmas/un-cientifico-discreto-d-juan-varela-gil-1887-1969-YB8650980?imageNumer=2* .

Rodríguez López, J.: *Supersticiones de Galicia y preocupaciones vulgares,* Lugo: Celta, 1895.

—— *Las preocupaciones en medicina conocimientos útiles a la familia, reglas para conservar la salud para no dejarse engañar por los curanderos y para conocer a los médicos,* Lugo: Imprenta El Regional, 1896. *http://biblioteca.galiciana.gal/es/consulta/registro.do?id=7494*

Rodríguez Ocaña, E.: «Jaime Ferrán y Clúa», en *Real Academia de la Historia, Diccionario Biográfico electrónico* (*https://dbe.rah.es/biografias/9518/jaime-ferran-y-clua*)

Schneider, M. C.; Santos-Burgoa, C. (1994): «Tratamiento contra la rabia humana: un poco de su historia», *Revista Saúde Pública,* 1994, 28, pp.454–462.

Simón Lorda, D.: «El Laboratorio Municipal de Ourense (1910-1930)», *Diario de un Médico de Guardia,* 20 de julio de 2009, *https://diariodeunmedicodeguardia.blogspot.com/2009/07/el-laboratorio-municipal-de-ourense.html*

—— «De «La Gota de Leche» de Ourense a la «Semana Mundial de Lactancia Materna» (pasando por Xaime Quessada y el doctor Lino Porto)», *Diario de un médico de guardia,* 5 octubre de 2010, *https://diariodeunmedicodeguardia.blogspot.com/2010/10/de-la-gota-de-leche-de-ourense-la.html*

—— «Por la Plaza del doctor García Boente (Ribadavia-Ourense)», *Diario de un médico de guardia,* 4 de marzo de 2012, *https://diariodeunmedicodeguardia.blogspot.com/2012/03/plaza-del-dr-garcia-boente-ribadavia.html*

—— «Historias y fotos de la «grippe» de 1918 en Ourense», *Diario de un médico de guardia,* 16 de septiembre de 2012, *https://diariodeunmedicodeguardia.blogspot.com/2012/09/historias-y-fotos-de-la-grippe-de-1918.html*

—— «La Academia de Medicina de Ourense (1880 a 1883)», *Cadernos de Atención Primaria,* 2015, vol. 21, 2, pp. 140-143.

—— «El pabellón sanitario de infecciosos de Mariñamansa-Ourense (1922-1942)», *Diario de un médico de guardia,* 28 de enero de 2021, *https://diariodeunmedicodeguardia.blogspot.com/2021/01/el-pabellon-sanitario-de-infecciosos-de.html*

—— «Sanidad y salud pública en el Ourense de los años 20», *Boletín Avriense,* 2024; (54), pp. 271-300.

Simón Lorda, D., y Rúa Domínguez, M. L.: «El Laboratorio Municipal de Ourense (1910-1930). Antecedentes y breves apuntes históricos», en Campos, R; Montiel, L.; Huertas, R. (coord.), *Medicina, ideología e Historia en España (siglos XVI-XXI*), Madrid: Consejo Superior de Investigaciones Científicas, 2007, pp.569-578.

—— *Viruela, vacunas y sociedad: Ourense, 1805-1929*, Ourense, Deputación de Ourense, 2015.

—— «Beneficencia, higiene alimentaria y salud pública (Ourense, 1910-1936): el Laboratorio Municipal, La Gota de Leche y el

Instituto Provincial de Higiene», en Fernández Prieto, L. y Lanero Táboas, D. (eds.), *Leche y lecheras en el siglo XX. De la fusión innovadora orgánica hasta la Revolución Verde,* Zaragoza: Prensas de la Universidad de Zaragoza, 2019, pp. 37-66.

Sisto Edreira, R.: «Ángel Pedreira Labadía», *Álbum da Ciencia, http://www.culturagalega.org/albumdaciencia/detalle.php?id=298,* 2012

—— «Juan Varela Gil», *Álbum de Galicia, https://consellodacultura.gal/album-de-galicia/detalle.php?persoa=4027,* 2012

Soto González, S.: «One Health (Una Sola Salud) o cómo lograr una salud óptima para las personas, los animales y el planeta», *Institut de Salut Global de Barcelona* (*ISGlobal*), 16 de octubre de 2024. *https://www.isglobal.org/ca/healthisglobal/-/custom-blog-portlet/one-health-una-sola-salud-o-como-lograr-a-la-vez-una-salud-optima-para-las-personas-los-animales-y-nuestro-planeta*

Teijeiro Fernández, M.: *Memoria original que, sobre el sistema curativo de la Rabia descubierto por Mr. Pasteur,* Santiago: Tip. de La Gaceta, 1888.

Valcárcel, M.: *A prensa en Ourense e a súa provincia,* Ourense: Deputación de Ourense, 1987.

Vila Ferrán, J.: *Vida y obra científica del investigador y académico electo doctor Jaime Ferrán y Clúa* [Discurso principal, 6 de abril de 1976], Barcelona: Real Academia de Medicina de Cataluña, 1976.

Zarzoso, A; Fajula, S.; Martínez A.; Morera, V. et al: «Especialización y divulgación de la medicina en la ciudad, Barcelona (1868-1938)», en Porras Gallo, M.I. et al (coord.): *Transmisión del conocimiento médico e internacionalización de las prácticas sanitarias: una reflexión histórica,* Sociedad Española de Historia de la Medicina, Albacete: Universidad de Castilla-La Mancha, 2011, pp. 279-282.

XII.
Anexo de ilustraciones

David Simón Lorda
Ana Rúa Gómez

ILUSTRACIÓN 22
Santa Quiteria. Estampa devocional.

ILUSTRACIÓN 23
Imagen de santa Quiteria.

Año económico de 1884-85. Juéves 28 de Mayo Núm 271

Boletin Oficial

DE LA PROVINCIA DE ORENSE.

ADVERTENCIA OFICIAL.

Las leyes y disposiciones generales del Gobierno, son obligatorias para cada capital de provincia desde que se publican oficialmente en ella y desde cuatro dias despues para los demas pueblos de la provincia. (*Ley de 28 de Noviembre de 1837.*)—Las disposiciones de las autoridades, excepto las que sean á instancia de parte no pobre, se insertarán oficialmente, como asimismo cualquier anuncio concerniente al servicio de la Nacion que dimane de las mismas, pero los de interés particular pagarán su insercion, entendiéndose en este último caso con el editor del Boletin.

Precios de suscricion.—En Orense, por trimestre, 7 pesetas.—Para fuera de esta capital, franco de porte, por trimestres adelantados, 8 pesetas.—Números sueltos, 38 céntimos.

Se publica todos los dias excepto los Domingos.

Se suscribe en esta capital Imprenta y Librería de Gregorio Rionegro Lozano, Plazuela del Hierro núm. 3.—En las demas provincias, en las principales librerías.

PARTE OFICIAL.

PRESIDENCIA DEL CONSEJO DE MINISTROS.

S. M el Rey (Q. D. G.) S. M. la Reina y demás Augusta Real Familia, continúa sin novedad en su importante salud en el Real Sitio de Aranjuez.

De igual beneficio disfrutan en esta Corte S. M. la Reina Madre Doña Isabel é Infanta Doña María Eulalia.

GOBIERNO DE PROVINCIA.

Sanidad.—Circular.

Habiendo llegado á conocimiento de este gobierno que en algunos pueblos de la provincia se han presentado varios casos de hidrofobia en los perros y habiendo comenzado ya la estacion en que estos casos son más frecuentes y peligrosos, recuerdo á los señores Alcaldes el deber en que se hallan de adoptar las disposiciones necesarias para evitar los estragos de la hidrofobia, cumpliendo extrictamente cuanto sobre el particular se halla prevenido en la instruccion circulada en 17 de Julio de 1863 que, para mayor conocimiento, se inserta á continuacion.

Los señores Alcaldes se servirán dictar inmediatamente los bandos necesarios para que los dueños de perros pongan bozal á los de su propiedad, conminando con la multa de 5 á 25 pesetas y reprension á los que infringieren los reglamentos, ordenanzas y bandos sobre epidemias de animales, hidrofobia ó cualquier otra plaga de esta índole, y con la de 5 á 50 pesetas, segun los casos, conforme á lo prescrito en el párrafo 3.°, art. 599, del Código penal, á los dueños de animales feroces y dañinos que los dejen sueltos ó sin bozal, en disposicion de causar daño, morder, etc.

Con arreglo á la decision de 19 de Junio de 1852 cuando el daño causado por un perro sin escitacion alguna, hace considerar á dicho animal como peligroso, está justificada la determinacion del Alcalde mandando darle muerte como medida de seguridad personal y de policía pública.

Espero del celo de los Ayuntamientos que harán cumplir sin dilacion de ningun género cuantas disposiciones se citan en la instruccion referida y las que la experiencia aconseja, en beneficio de la salud pública y sin dar lugar á nuevas excitaciones.

Orense 28 de Mayo de 1885.

El Gobernador interino

Aurelio Ferrer.

Instruccion que se cita en la circular que antecede.

Instruccion preventiva de la hidrofobia, en la cual se indican los auxilios que en ausencia de facultativo deberán prestarse á las personas mordidas por un animal rabioso, y las medidas de precaucion que á las autoridades locales corresponde adoptar.

Rara vez se manifiesta la rabia expontáneamente, debiéndose en casos tales á causas desconocidas y misteriosas que no hay forma de evitar por lo mismo que son ignoradas. Generalmente la rabia se comunica de unos animales á otros y tambien á la especie humana, cuya razon mueve á buscar los principales medios preservativos en la disminucion del número de los animales que ponen la salud del hombre en tan grave compromiso y en adopcion de medidas cuyo objeto sea impedir la inoculacion del virus por medio de sus mordeduras.

La rabia se manifiesta principalmente en el perro, el lobo, la zorra y el gato, y aun es de presumir que solo en estos animales aparezca expontáneamente; pero ellos la inoculan por su mordedura á los caballos, asnos y mulos, al ganado vacuno, lanar y cabrío, al cerdo y aun á las aves, además de comunicarla al hombre con frecuencia. La observacion y la experiencia autorizan sin embargo á creer que solamente la trasmiten los animales carnívoros á los omnívoros y herbívoros, no pudiendo estas últimas especies comunicarla á los de la suya propia, ni quizás restituirla á los carnívoros de quienes la recibieron, de donde se sigue que la trasmision llega á perderse ó dificultarse mucho de unos animales omnívoros ó herbívoros á otros.

La mordedura hecha al hombre por un caballo, un asno ó una vaca rabiosos ofrece menos probabilidades de inoculacion que la producida por un perro, un lobo, una zorra ó un gato: más sin embargo, siempre aconseja la prudencia recurrir á las debidas precauciones, dado caso que ocurriere.

No está de más advertir, para evitar desgraciados accidentes, que algunas personas han contraido la rabia por dejarse lamer la cara ó las manos por perros ó gatos que la estaban padeciendo, aunque fuera desconocida su existencia, cuando tenian en la piel alguna escoriacion ó grieta por donde pudiera inocularse el virus. De aquí resulta el precepto de evitar esas caricias de los animales sujetos á enfermedad tan horrible, por temor de que en cambio de los halagos comuniquen una enfermedad mortal. Téngase presente que un perro puede estar rabioso sin que se hayan manifestado aun las señales que dan á conocer la enfermedad.

Tambien conviene saber que la baba del perro rabioso (y de creer es que sucede otro tanto en los demás animales del género *canis* y en los gatos) conserva su funesta virtud por espacio de 24 horas despues de la muerte, y áun parece, si alguna fé se ha de conceder á ciertos ensayos que la inoculacion se ha obtenido alguna vez por medio de la baba desecada.

La rabia, tanto en los animales como en el hombre, tiene un largo periodo de incubacion; de forma que trascurren por un término medio de 40 á 100 dias desde la inoculacion del virus rábico, determinada por la mordedura, hasta que la enfermedad se manifiesta. Alguna vez se ha visto extenderse el periodo de incubacion á 170 y 200 dias y aun se citan casos de incubaciones que duraron años.

Deben por lo tanto prolongarse los cuidados y precauciones con los animales mordidos por tiempo bastante para ofrecer probabilidades fundadas de preservacion, no entregándose precipitadamente á una confianza indiscreta y rodeada de peligros.

Importa, por fin, tener entendido que no es el perro errante y

ILUSTRACIÓN 24

Boletín Oficial de la Provincia de Orense, número 271, del 28 de mayo de 1885. Archivo Municipal de Ourense.

ALCALDÍA CONSTITUCIONAL
DE
ALLARÍZ

A fin de que se digne admitir en ese Instituto Antirrábico, para ser sometido á la necesaria vacunación y tramiento, al vecino pobre de esta villa Gerardo Rodriguez Cordeiro, que sufrió mordeduras de un perro, al parecer, hidrófobo el día 17 del actual; remito á V. las adjuntas diligencias que acreditan el estado de pobreza en que aquel se halla.

Dios

ILUSTRACIÓN 25
Solicitud de ingreso para vacunación y tratamiento de un enfermo en el Instituto Antirrábico Cobián Areal Pontevedra, solicitada en fecha de 23 de marzo de 1909 desde Alcaldía de Allariz (Ourense). AHP Pontevedra. Caja 2136.

Núm. de orden 2073

INSTITUTO PROVINCIAL

"COBIAN AREAL"

DE VACUNACIÓN ANTIRRÁBICA

PONTEVEDRA

DIRECCIÓN—INSTITUTO COBIAN AREAL—SAN TELMO, 1

D. María Núñez natural de Moraña de 6 a. edad, mordido por gato rabioso; ha ingresado en este Establecimiento para ser sometido al tratamiento preventivo de la rabia.

Número de mordeduras cuatro profundas y sangrantes

Región herida ambas piernas

Cauterizaciones —

Epoca de éstas —

Día de la mordedura 22 Dbre de 1912

« en que empezó el tratamiento 23 »

« en que terminó 31 Dbre

Número de inyecciones 17

EL DIRECTOR,

J. Filgueira Martínez

OBSERVACIONES Se tiene los enfriamentos

ILUSTRACIÓN 26

Ficha de paciente del Instituto Antirrábico «Cobián Areal Pontevedra», 1912. Director J. Filgueira Martínez. AHP Pontevedra. Caja 2136. Instituto Antirrábico

ILUSTRACIÓN 28

Tabla de pacientes vacunados en 1904 en el Instituto Cobián Areal. *Boletín de la Provincia de Ourense,* 1904. Archivo Municipal de Ourense.

INSTITUTO PROVINCIAL DE VACUNACION ANTIRRABICA "COBIAN AREAL,,

RELACIÓN de las personas mordidas por animales rabiosos y sometidas al tratamiento antirrábico en este Instituto durante el tercer trimestre del año 1904.

Número de orden	NOMBRES	EDAD	VECINDAD	Día de la mordedura	Día en que empezó el tratamiento	Mordido por	NÚMERO Y CLASE DE HERIDAS	Duración del tratamiento
768	María Calvar		Pontevedra	2 de Julio	3 de Julio	Perro	29 heridas profundas manos y cabeza y múltiples superficiales en las mismas	Tres días
769	Anselmo Blanco	21 años	Ponferrada-León	26 de Junio	4 de Id.	Lobo	Tres heridas mano izquierda	Diez Id.
770	Francisco Rodríguez	24 Id.	Id. Id.	Id. Id.	Id. Id.	Id.	Siete Id. profundas mano y brazo izquierdo	Diez Id.
771	Plácido Cotado	20 Id.	Id. Id.	Id. Id.	Id. Id.	Id.	Cuatro id. pierna derecha	Diez Id.
772	Manuela Alonso	14 Id.	Vigo Pontevedra	5 de Julio	11 de Id.	Perro	Una id. superficial pierna izquierda	Seis Id.
773	Jesús Guerra Fernández	8 Id.	Chantada Lugo	10 Id.	Id. Id.	Id.	Cuatro id. pierna derecha	Siete Id.
774	Pedro Seijas Guerra	24 Id.	Id. Id.	Id. Id.	Id. Id.	Id.	Una id. dedo mano derecha	Siete Id.
775	Agapito Lorenzo Fernández	41 Id.	Id. Id.	Id. Id.	Id. Id.	Id.	Una id. superficial dedo mano derecha	Siete Id.
776	Pejerto Gómez Montero	7 Id.	Id. Id.	Id. Id	13 Id.	Id.	Dos id. brazo derecho	Siete Id.
777	Carmen Otero Lucio	14 Id.	Meis Pontevedra	11 Id.	14 Id.	Id.	Una id. brazo izquierdo	Seis Id.
778	Delmiro Otero	9 Id.	Mondariz Id.	16 Id.	18 Id.	Id.	Tres id. muslo izquierdo	Seis Id.
779	Miguel Cabaleiro	7 Id.	Lavadores Id.	17 Id.	22 Id.	Id.	Dos id. mano izquierda	Seis Id.
780	Joaquín Iglesias	32 Id.	Id. Id.	Id. Id.	Id. Id.	Id.	Una id. profunda pierna izquierda y erosiones	Seis Id.
781	Ramón Iglesias	30 Id.	Id. Id.	12 Id.	23 Id.	Id.	Tres id. pierna izquierda	Seis Id.
782	Cramen Pérez Lorenzo	7 Id.	Fornelos Id.	25 Id.	27 Id.	Id.	Cuatro id. mano y muslo izquierdo	Seis Id.
783	Rosario Outeda	19 Id.	Marín Id.	19 Id.	29 Id.	Id.	Tres id. sobaco derecho	Siete Id.
784	José Panete Pérez	2 Id.	Vigo Id.	31 Id.	4 de Agosto	Id.	Dos id. profundas brazo derecho	Seis Id.
785	Manuel Sieiro	14 Id.	Cerdedo Id.	6 de Agosto	9 Id.	Id.	Dos id. brazo derecho	Seis Id.
786	María Angela del Palacio	70 Id.	Astorga León	2 Id.	10 Id.	Id.	Dos id. muslo derecho	Seis Id.
787	Constantino Loureiro García	46 Id.	Salcedo-Pontevedra	12 Id.	14 Id.	Id.	Cuatro id. muslo mano	Seis Id.
788	Enrique Pardal Ferreiro	39 Id.	Cuntis Id.	13 Id.	Id. Id.	Id.	Tres id. profundas brazo derecho.	Nueve Id.
789	Ramona Ferradans Martínez	9 Id.	Id. Id.	Id. Id.	Id. Id.	Id.	Una id. id. brazo derecho	Nueve Id.
790	Samona Maquieira	37 Id.	Barro Id.	14 Id.	Id. Id.	Id.	Erosiones codo izquierdo	Siete Id.
791	Carmen Rodríguez Iglesias	8 Id.	Vigo Id.	10 Id.	15 Id.	Id.	Dos heridas mano derecha	Cinco Id.
792	Otilia Vázquez	8 Id.	Id. Id.	17 Id.	19 Id.	Id.	Dos id. pié izquierdo.	Seis Id.
793	Carolina Lago Estévez	38 Id.	Id. Id.	20 Id.	23 Id.	Gato	Una id. profunda brazo izquierdo	Uno Id.
794	José M.ª Méndez Espiñeira	12 Id.	Covelo Id.	26 Id.	28 Id.	Perro	Tres id. pierna derecha	Siete Id.
795	Manuel Palmás Rivas	18 Id.	Moaña Id.	27 Id.	29 Id.	Id.	Tres id. vientre	Seis Id.
796	Francisco Gouvea Alvarez	6 Id.	Id. Id.	Id. Id.	Id. Id.	Id.	Dos id. mano derecha	Seis Id.
797	Josefa Cobas	29 Id.	Gove Id.	31 Id.	1.° de Sepbre.	Id.	Una id. mano izquierda	Seis Id.
798	Manuel Vazquez Espino	17 Id.	Vigo Id.	27 Id.	2 Id.	Id.	Varias erosiones en las manos	Seis Id.
799	Leopoldo Ríos García	4 Id.	Poyo Id.	24 Id.	Id. Id.	Id.	4 heridas mano pierna y erosiones ambas manos	Seis Id.
800	Antonio Pérez Fernández	19 Id.	Vigo Id.	28 Id.	4 Id.	Id.	Erosiones mano izquierda	Seis Id.
801	María Pérez Fernández	12 Id.	Id. Id.	Id. Id.	Id. Id.	Id.	Dos heridas brazo derecho	Seis Id.
802	Carmen Ribeiro Lago	12 Id.	Id. Id.	2 de Septiembre	Id. Id.	Id.	Una id. dedo mano izquierda	Seis Id.
803	Sahara Grové	19 Id.	Id. Id.	Id. Id.	Id. Id.	Id.	Dos id. dedos mano derecha	Seis Id.
804	Matilde Fernández	17 Id.	Id. Id.	1.° Id.	Id. Id.	Id.	Cuatro id. brazo izquierdo	Seis Id.
805	Avelina Veiga Gallego	33 Id.	Bouzas Id.	Id. Id.	5 Id.	Id.	Tres id. brazo derecho	Cinco Id.
806	Sinforoso Gallego	11 Id.	Id. Id.	Id. Id.	5 Id.	Id.	Una id. brazo derecho	Cinco Id.
807	Maximino Balea Carreira.	7 Id.	Vigo Id.	10 Id.	13 Id.	Id.	Infección por baba	Seis Id.
808	Dolores Prado Rodríguez	7 Id.	Lavadores Id.	Id. Id.	14 Id.	Id.	Dos heridas pierna derecha	Seis Id.
809	Ricardo Viñas Basmonde	14 Id.	Salcedo Id.	15 Id.	16 Id.	Id.	Una id. dedo meñique mano izquierda	Seis Id.
810	Jesús Viñas Basmonde	9 Id.	Id. Id.	10 Id.	Id. Id.	Id.	Dos id. pierna derecha	Seis Id.
811	Angel Viñas Basmonde	7 Id.	Id. Id.	Id. Id.	Id. Id.	Id.	Dos id. mano derecha	Seis Id.
812	Ricardo Carragal Malvar	18 Id.	Id. Id.	Id. Id.	Id. Id.	Id.	Una id. pecho	Seis Id.
813	José Carragal Malvar	10 Id.	Id. Id.	Id. Id.	Id. Id.	Id.	Una id. pierna derecha	Seis Id.
814	Eduardo Viñas Basmonde	15 Id.	Id. Id.	15 Id.	Id. Id.	Id.	Tres id. cadera y mano derecha	Seis Id.
815	Alicia Ruiz Santos	5 Id.	Vigo Id.	14 Id.	17 Id.	Id.	Dos id. mano derecha	Seis Id.
816	Manuela Mouriño Pintos	13 Id.	Salcedo Id.	11 Id.	19 Id.	Id.	Una id. profunda rodilla	Seis Id.
817	Eduardo Martínez González	8 Id.	Avión Orense	21 Id.	24 Id.	Id.	Tres id. pierna derecha	Seis Id.
818	Josefa Fontan Incógnito	30 Id.	Gove Pontevedra	24 Id.	25 Id.	Id.	Dos id. pantorrilla derecha	Seis Id.
819	Eulogio Pandín	15 Id.	Redondela Id.	23 Id.	27 Id.	Id.	Tres id. mejilla y labio	Ocho Id.
820	Ramón Sestelo Pérez	4 Id.	Id. Id.	24 Id.	Id. Id.	Id.	Tres id. mano derecha	Ocho Id.
821	Nanuela Darriba	55 Id.	Id. Id.	Id. Id.	Id. Id.	Id.	Una id. frente	Ocho Id.
822	Francisco Santorum	19 Id.	Mondariz Id.	26 Id.	29 Id.	Id.		Seis Id.

Los 39 individuos que quedaron en observación en el segundo trimestre y los que figuran en la precedente relación pueden considerarse curados por haber transcurrido con exceso el período ordinario de incubación de la rabia. El número 771 falleció.—Pontevedra 31 de Diciembre de 1904.—El Director, José Filgueira Martínez.

NOTAS

Se ruega á todo el que haya sido sometido á tratamiento, que seis meses después de mordido, se sirva avisar á este Centro indicando su estado de salud, para la formación de la estadística y pueda servir de comprobante para la bondad del procedimiento.

La persona mordida que quiera someterse al procedimiento antirrábico, debe presentarse en este Establecimiento antes de que hayan transcurrido los diez días siguientes á la mordedura, pasando este plazo, las probabilidades de éxito disminuyen.

En este Centro se sigue el método empleado en el INSTITUTO PASTEUR de París.

El tratamiento que se sigue es inofensivo y con él se obtienen la curación en el 997 por 1.000 de los mordidos. Es indispensable que el vacunado observe durante dos meses, un régimen higiénico y severo, las faltas que en este sentido se cometan, perjudican y pueden anular el tratamiento.

ILUSTRACIÓN 27
Texto que se incluía en la parte posterior de las fichas de pacientes del Instituto Antirrábico Cobián Areal Pontevedra, 1912. Director José Filgueira Martínez. Contenía instrucciones e informaciones para los pacientes. AHPPO Pontevedra. Caja 2136. Legajo 1912. Instituto Antirrábico.

El médico municipal de San Pedro de Oza (Coruña) don Ramón Barros fue mordido por un perro hidrófobo, que le acometió al regresar de una visita domiciliaria. El señor Barros ha sido internado en el Instituto de Pedreira Labadie, de Santiago. — (Martes, 24).

ILUSTRACIÓN 29
Noticia extraída del periódico *La Región* (Ourense), de 1910. Republicada en los años 60 con una ilustración de Quesada. «El médico municipal de San Pedro de Oza (Coruña) don Ramón Barros fue mordido por un perro hidrófobo que le acometió al regresar de una visita domiciliaria. El señor Barros ha sido internado en el Instituto de Pedreira Labadie, de Santiago».

(Día 4 de abril).

PERRO HIDROFOBO PERSEGUIDO Y MUERTO A TIROS POR UN CICLISTA

Un enorme perro de pajar recorrió en la mañana de ayer las calles de la ciudad con evidentes síntomas de hidrofobia. Cuando cruzaba ante el establecimiento de bicicletas que el señor Marquez posee en la plaza de Isabel la Católica, aquel empuñó un revolver y montando en una de sus máquinas salió en persecución del animal, al que logró dar muerte en Ervedelo. Se teme que hayan sido mordidos otros perros y un niño por el peligroso animal

ILUSTRACIÓN 30
«Perro hidrófobo perseguido y muerto a tiros por un ciclista». Noticia en *La Región* (Ourense), 4 de mayo de 1910. Recuperada/republicada en *La Región*, 1 de mayo de 1960 acompañada de una ilustración del pintor Xosé Conde Corbal. Archivo Municipal de Ourense.

Relacion de los trabajos realizados por la Brigada Sanitaria Provincial de Orense desde su creacion año de 1921, a 31 diciembre de 1926.

ANALISIS CLINICOS

De	sangre	403	
"	Esputos	54	
"	Orinas	106	
"	Exudados vajinales y uretrales	178	
"	Idem faringeos	12	
"	Jugos gastricos	12	
"	Heces	33	
"	Liquido cefalorraquideo	8	
"	Tumores.............................	5	
"	Pus	17	828

ANALISIS DE ALIMENTOS Y BEBIDAS INCLUIDO EL AGUA

De	Aguas	56	
"	Vinos	67	
"	Leches	12	
"	Aceites	48	
"	Pimenton	23	
"	Bacalao	8	
"	Pasta para sopa y productos confitª	26	
"	Chocolates	6	
"	Otros analisis	11	257

Total 1,085

IDEM DURANTE EL PRIMER SEMESTRE DE 1927

Analisis clinicos	209	
Idem de alimentos	143	
Suman	352	 352

Total general ... 1,437

SERVICIO DE VACUNACION DESDE SU CREACION HASTA EL PRIMER SEMESTRE DE 1927 inclusive.

Antirrabica 486

Dosis de vacuna remitida a los pueblos .... 5,710 dosis

Salidas realizadas a los pueblos 16

ILUSTRACIÓN 31
Relación de los trabajos realizados por la Brigada Sanitaria Provincial de Orense entre 1921 y 1926. Archivo Municipal de Ourense. Cajas de Beneficencia y Sanidad, 1804-1937.

Anuncios

Instituto antirrábico

ESPECIAL Ó PARTICULAR

DEL DR. CELESTINO LÓPEZ DE CASTRO

Micholena, 7.—Pontevedra.

15-v-a-1

ILUSTRACIÓN 32
Instituto Antirrábico, doctor Celestino López de Castro. Pontevedra. (*La Correspondencia Gallega*, 16 de mayo de 1901).

Sanatorio é Instituto Mèdico Quirúrgico Sta. Teresa—Situado en Campolongo-Pontevedra.

Dirigido por su propietario, Dr. Celestino López de Castro, Director del Hospital Edificio ad-hoc para operaciones quirúrgicas. Curación de enfermedades de la Matriz Sífilis, Venereo. Habitaciones para partos secretos. Rayos X, duchas y corrientes eléctricas. Tratamiento antirrábico.

ILUSTRACIÓN 33
Anuncio del Sanatorio e Instituto Médico Quirúrgico-Santa Teresa (Campolongo-Pontevedra) en *Noticiero de Vigo*, 7 de septiembre de 1906.

Consultorio médico

quirúrgico y antirrábico

DE LOS

Hermanos ROCA

Consulta especial en enfermedades de Pulmón, Corazón, Estómago, Intestinos, Mujer y Niños.

CONDE PALLARES, 3, 2.º

ILUSTRACIÓN 34
Anuncio en *La Provincia* (Lugo), 24 de junio de 1923.

Laboratorio e Instituto Antirrábico

L. Sánchez GUISANDE

HORREO, 53-1.º SANTIAGO

ILUSTRACIÓN 35
Anuncio del Laboratorio e Instituto Antirrábico de Luciano Sánchez Guisande en 1935. *El Practicante Compostelano,* Año II, número 5, diciembre 1935.

Instituto Antirrábico Provincial de la Zona Sur

"SAEZ MÓN"

Distritos de Vigo, Tuy, Redondela, Puenteareas y Cañiza

Director: Angel Lorenzo Mèndez

APLICACIÓN DEL MÉTODO DE HOGIES, CON RENOVACIÓN DIARIA DEL VIRUS A INYECTAR BUSCANDO EL MAXIMUM DE GARANTÍA

VIGO—Colón, 3-2.º

ILUSTRACIÓN 36
Anuncio del Instituto Antirrábico Sáez Mon, publicado en el *Boletín del Colegio Médico de Pontevedra,* junio de 1936.

LABORATORIO "CAJAL"

Análisis clínicos. — Instituto Antirrábico

Dr. G. VIDAL ANTONIO

Investigaciones analíticas aplicables a la clínica. Exámenes histológicos, preparación de autovacunas y autoantivirus, metabolismo de base, diagnóstico biológico del embarazo. V Moreno 20. VIGO

ILUSTRACIÓN 37
Anuncio del Instituto Antirrábico. Laboratorio «Cajal», Vigo. *El Pueblo Gallego,* s.n., 29 de junio de 1939.

Instituto Microbiológico y de Vacunación

DE SANTIAGO

DIRECTOR PROPIETARIO

Angel Pedreira Labadie.

Curación de la difteria y croup por el suero.
Curación de la rabia.
Diagnóstico bacteriológico de la difteria.
Análisis químico **de Orinas.** Análisis microscópico de esputos, pus, sangre y demás líquidos normales ó patológicos.
Sueros y vacunas de todas clases. Tratamiento especial de los **tuberculosos.**
Jugos orgánicos de **todas** clases para tratamiento de las enfermedades por el método de Broun-Sequard. **Vinos** preparados con dichos jugos para administrarlos por la vía gástrica.
Esterilización de **aguas**, leche y toda clase de líquidos. **Esterilización** de piezas de apósito.

Se vacuna de ternera todos los días de once á una mañana.—Consulta diaria de nueve á doce mañana.—9, Hórreo, 9.

ILUSTRACIÓN 38
Instituto Microbiológico y de Vacunación Pedreira Labadie. *Gaceta de Galicia, Diario de Santiago,* número 77, 6 de abril de 1892.

INSTITUTO PEDREIRA

De vacunación, bacteriología, seroterapia, opoterapia y electroterapia.
Sueros: **antidiftérico, antirrábico, antitífico, antiestreptococcico, anticarbuncoso, etc., etc.**
Prevención y curación de estas enfermedades.

Anàlisis

químico y microscópico de orina, esputos, etc.
Diagnóstico evidente de enfermedades ignoradas.

Rayos X

Este Instituto que cuenta muchos años de existencia, dispone de modernas y completas instalaciones electroterápicas, gabinete radiográfico, estufas de desinfección y personal técnico especial para cada sección.
Vacunación directa de la ternera, no solo en Santiago, sino en todos los pueblos que lo soliciten.

Vacunación à domicilio

Durante el presente año se llevan hechas **7.523** vacunaciones y revacunaciones.
Tratamiento especial de las enfermedades **debilitantes,** del **reuma,** de la **neurastenia, neuralgias** y demás afecciones **nerviosas,** y en general de **todas las enfermedades,** son las más rebeldes.
Procedimientos especiales, contra las **desviaciones** y **descensos de la matriz, hernias** (quebraduras) y **hemorroides** (almorranas.)

Asistencia à partos

Horas de consulta: de **diez** á **una,** los días laborables. Consultas por escrito.

ILUSTRACIÓN 39
Anuncio del Instituto Pedreira, *Gaceta de Galicia,* número 10, 13 de enero de 1905.

Especialidades farmacéuticas del Dr. Deuloféu

Glico-arsol, inyectable: patente núm. 26098, a base de *cacodilato de estricnina, cacodilato sódico* y *glicero-fosfatos alcalinos*.

Fer-arsol, inyectable: patente núm. 26099, a base de *cacodilato sódico, fluoruro sódico, glicerofosfatos alcalinos*, y *hierro en combinación glicérica*.

Poderosos estimulantes de la nutrición elemental o celular, y por consiguiente, de la nutrición total del individuo.

Están indicados *en todos aquellos casos en que el desgaste orgánico se manifieste de un modo anormal;* **enfermedades consuntivas; tuberculosis pulmonar** en primero y segundo grado; **estados asténicos y neurasténicos** con depresión general y debilitamiento funcional; **fosfaturia; convalescencias prolongadas;** en los **agotados física e intelectualmente por efecto del surmenage que impone la vida actual, o por otras causas;** en una palabra, en **todos los procesos de debilidad general.**

Por lo que atañe al **Fer-arsol**, en particular, sus efectos son altamente beneficiosos en la **clorosis, cloro-anemias** y **anemias**, así *esenciales como sintomáticas*; como **tratamiento reconstituyente preoperatorio;** en las **anemias agudas post-operatorias, y consecutivas a un prolongado tratamiento mercurial;** en el **paludismo agudo y crónico**, y en general, en todas aquellas dolencias que suponen trastornos más o menos intensos en el glóbulo rojo. Es recomendable su empleo durante los primeros meses del embarazo, ya como *medicamento reconstituyente* y *reparador*, ya también para combatir las diferentes afecciones cutáneas que con alguna frecuencia son consecuencia de dicho estado y que revelan, según Gautier, falta de vitalidad en el tejido dérmico cuyas nucleínas específicas han derivado hacia la placenta para intervenir en la formación de los órganos arsenicales y yodados del nuevo ser.

No se trata de uno de tantos remedios secretos cuyas pretendidas virtudes curativas quedan reducidas, las más de las veces, al nombre más o menos rimbombante con que han sido bautizados. Trátase sencillamente de polifarmacos **perfectamente racionales, de composición definida, rigurosamente dosificados, y cuya eficacia ha sido ya sancionada por la clínica en múltiples ocasiones.**

Jarabe polibromurado.—Indicado en las afecciones orgánicas y funcionales del sistema nervioso central, en los desórdenes nerviosos del corazón, etc:, etc.

Una cucharadita de café contiene **50 centigramos de polibromuro** en fracciones equi-moleculares, equivalentes a **375 miligramos de bromo**.

Jarabe de Thiocol.—Indicado en las afecciones de los órganos respiratorios, y en particular, en la tuberculosis pulmonar crónica.

Dosificación: **25 centigr. de thiocol** por cucharadita de café.

Jarabe de thiocol con dionina.—Las mismas indicaciones que el precedente cuando van acompañadas de tos muy pertinaz.

Dosificación: **25 centigr. de thiocol y 5 miligr. de dionina** por cucharadita de café.

Jarabe de yoduro ferroso.—Indicaciones propias de los ferruginosos.

Cada cucharadita de café contiene **25 miligr. de yoduro ferroso** estable.

Jarabe de Gibert.—Indicaciones propias de los mercuriales.

Dosificación: Cada 25 gramos contienen **1 centigr. de yoduro mercúrico** y **50 centigr. de yoduro potásico.**

Servicio antirrábico, según el método clásico de Pasteur.

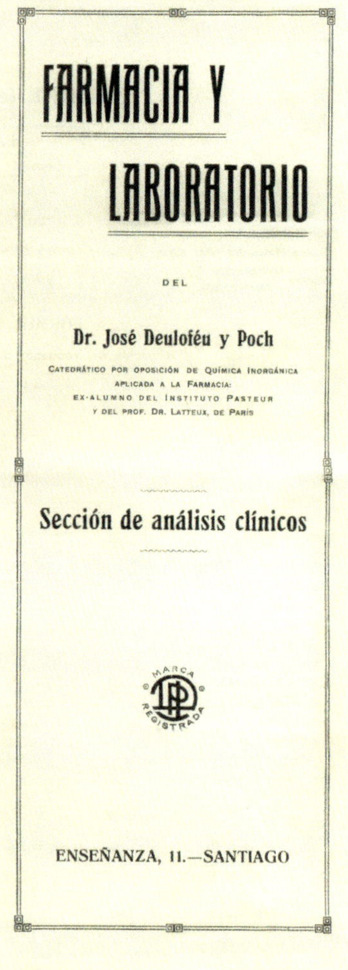

FARMACIA Y LABORATORIO

DEL

Dr. José Deuloféu y Poch

Catedrático por oposición de Química Inorgánica
aplicada a la Farmacia:
ex-alumno del Instituto Pasteur
y del prof. Dr. Latteux, de París

Sección de análisis clínicos

ENSEÑANZA, 11.—SANTIAGO

ILUSTRACIÓN 40 Publicidad del laboratorio del doctor Deuloféu y Poch. Hace referencia a su «Servicio antirrábico, según el método clásico de Pasteur». Encontrada dentro de historial clínico de un enfermo ingresado en Conxo. Hospital Psiquiátrico de Conxo, G5814/117. Arquivo de Galicia (Santiago de Compostela).

ILUSTRACIÓN 41 Cartel de la Dirección General de Sanidad. Acerca de la rabia, 1957 Imprenta de Rivadeneyra, Madrid.